中国梦
家乡情
Zhongguomeng Jiaxiangqing

我爱

张萌萌·编著

陕西

山东画报出版社

图书在版编目（CIP）数据

我爱陕西/张萌萌编著 . —济南：山东画报出版
社，2014.2

（中国梦家乡情丛书）

ISBN 978 - 7 - 5474 - 1223 - 7

Ⅰ.①我… Ⅱ.①张… Ⅲ.①陕西省—概况—青年读
物②陕西省—概况—少年读物 Ⅳ.①K924. 1-49

中国版本图书馆 CIP 数据核字（2014）第 029174 号

责任编辑 许　诺
装帧设计 林静文化
主管部门 山东出版集团有限公司
出版发行

　　社　　址　济南市经九路胜利大街 39 号　邮编 250001
　　电　　话　总编室（0531）82098470　（010）61536005
　　　　　　　市场部（0531）82098479　82098476（传真）
　　网　　址　http：//www. hbcbs. com. cn
　　电子信箱　hbcb@ sdpress. com. cn
印　　刷 北京山华苑印刷有限责任公司
规　　格 165 毫米×225 毫米
　　　　　　12 印张　40 幅图　112 千字
版　　次 2014 年 3 月第 1 版
印　　次 2014 年 3 月第 1 次印刷
定　　价 23. 50 元

序 言 PREFACE

月是故乡明

　　"中国梦　家乡情"丛书出版了,可喜可贺!

　　对家乡故土的眷恋可以说是人类共同而永恒的情感,对家乡和祖国充满热爱与牵挂,更是具有深厚文化底蕴和历史积淀的中华民族传统美德。

　　"乡愁是一枚小小的邮票,我在这头,母亲在那头。"台湾著名诗人余光中的《乡愁》诗曾在海峡两岸同胞心中激起强烈的共鸣。诗人把对亲人、家乡、祖国的思念之情融为一体,表达出远离故乡的游子渴望叶落归根的浓郁而又强烈的家国情怀。纵览历史长河,历代志士仁人留下了多少对家乡魂牵梦萦的不朽诗篇,激励着一代代中华儿女的爱国思乡情怀。李白的"举头望明月,低头思故乡",杜甫的"露从今夜白,月是故乡明",无一不是抒发浓浓的思念故土之情。

民族传统文化是一条奔流不息的长河，从古至今绵延不绝。家乡是一棵枝繁叶茂的大树，守护着我们的生命，铭记着我们的归属。而薪火相传的家乡文化则是一方沃土，拥有着最厚重、最持久、最旺盛的生命力，滋养着一代又一代的青少年茁壮成长。中国有着九百六十万平方公里的土地和辽阔的领海，山河壮丽，幅员辽阔，物华天宝，人杰地灵。不同的地域有着不同的源远流长的家乡文化，辉煌灿烂，博大精深，特色鲜明，各有千秋。

一方水土孕育一方文化，一方文化影响一方经济造就一方社会。在中华大地上，不同地域有着不同的自然地理环境、民俗风情习惯、政治经济情况，形成了各具特色的地域文化。中国是世界上最古老的文明国家之一，有着几千年光辉灿烂的文明历史，行政区划的历史也十分悠久。从公元前688年的春秋时期开始置县，中国的行政区划至今已有2500多年的历史。作为最高一级的行政区划单位，省级行政区域的设立和划分起源于元朝。后来不同朝代和历史时期多有调整，到目前为止，我国共有23个省，5个自治区（自治区是中国少数民族聚居地方实行民族区域自治而建立的相当于省的行政区域），4个直辖市（直辖市是人口比较集中，在政治、经济、文化等方面具有特别重要地位的省级大城市），2个特别行政区（特别行政区与省、自治区、直辖市同属直辖于中央人民政府的地方行政区域）。此外，台湾作为一个省份，也是中国领土不可分割的组成部分。这套丛书即是以省级行政区划为单元分册编写的。

　　这套丛书以青少年为阅读对象，力求内容准确可靠，详略得当，行文通俗，简洁流畅，注重知识性、趣味性、可读性，让青少年较为系统地了解家乡的自然环境、山川河流、资源物产、悠久历史、杰出人物、文化遗产、民俗风情、名胜古迹、经济建设等方面的情况，感受祖国各地的家乡之美。通过这些文化元素的熏陶，培养青少年对祖国和家乡的朴素感情，引导青少年热爱生于斯、长于斯的这片沃土，陶冶情趣，铸造性情。希望广大青少年认真阅读，汲取这套家乡文化读本中的精华，进而树立热爱家乡、热爱祖国的决心和信念，为建设家乡、建设祖国贡献力量。

（原新闻出版总署署长）

2014 年 2 月 6 日

目 录 CONTENT

第一章

瑰丽的三秦大地

二十多万平方公里的陕西大地，山水川原，各具特色。关中地区，八百里秦川横亘其中，平原、山川与黄土塬地交相辉映；陕南地区，山清水秀，景色如画，美不胜收；陕北地区，地势高亢，山峰高高低低，此起彼伏，绵延不绝；壮丽的母亲河——黄河，浩浩荡荡，奔腾咆哮，尽显瑰丽风韵。

∧ 俯瞰八百里秦川

第一节　陕西的地质地貌

　　陕西，位于中国内陆的腹地，属于黄河中游地区，地理坐标处于东经 105° 29′ –111° 15′、北纬 31° 42′ –39° 35′ 之间，东邻山西，西连甘肃、宁夏，南抵四川、重庆、湖北，北接内蒙古，东南与河南、湖北接壤，居于连接中国东、中部地区和西北、西南的重要枢纽。陕西全省地域南北长、东西窄，南北长约 880 公里，东西宽约 160—490 公里，总面积 20.58 万平方公里。西周初年，周成王以陕原为界，陕原以西由召公管辖，后人遂称陕原以西为"陕西"。陕西历史悠久，文化底蕴深厚，简称秦或陕，也称"三秦"。

　　陕西跨三大地质构造单元，南部属于扬子地台，中部为秦岭褶皱系，北部属于中朝准地台。扬子地台，主要分布在陕西省的北部，由龙门—大巴台缘隆褶带和四川台坳组成。中朝准地台，主要分布在陕西省的西南部，由陕甘宁台坳、汾渭断陷和豫西断隆组成。秦岭褶皱系，主要分布在陕西省的中部，由六盘山断陷、北秦岭加里东褶皱带、礼县—柞水华里西褶皱带、南秦岭印支褶皱带、康县—略阳华力西褶皱带、北大巴山加里东褶皱带、摩天岭加里东褶皱带组成。

　　陕西境内的地貌自北向南可以分为陕北沙漠高原、陕北黄土高原、关中断陷盆地和陕南秦巴山地四个各具特色的地貌单元。

　　陕北沙漠高原主要分布在长城以北地区，是毛乌素沙漠的南缘。陕北沙漠高原的地势西高东低，海拔 1400—900 米，最高处在定边和靖边一带，最低处在神木县。陕北沙漠高原以活动沙丘、沙垄和片沙为主。沙丘与沙地之间湖泊、海子星罗棋布，滩地交错。这一地区气候干旱，地表起伏不大，风蚀风积地貌分布普遍。

陕北黄土高原位于我国黄土高原的中心，地势西北高、东南低，总面积92521.4平方公里。陕北黄土高原上的黄土厚50—80米，气候较干旱，降水集中，植被稀疏，水土流失严重。黄土高原上的黄土颗粒细，土质松软，含有丰富的矿物质养分，有利于农业耕作。但由于缺乏对植被的保护，再加上夏天降雨集中，且多暴雨，在长期流水侵蚀下，地面被分割得支离破碎。

关中断陷盆地又称渭河盆地，是喜马拉雅运动时期形成的巨型断陷带。关中盆地西起宝鸡，东到潼关，南至秦岭，北接河北山。关中盆地面积约为3.4万平方公里，地势西高东低，西窄东宽。关中盆地主要由洪积倾斜平原、黄土台塬和冲积平原组成，地貌景观呈阶梯状。

< 陕北黄土高原

渭河盆地 >

　　陕南秦巴山地包括汉中、安康、商洛 3 个地区及宝鸡的凤县、太白，面积 7.56 万平方公里。秦巴山地是由秦岭山地、江汉盆地和大巴山地构成的"两山夹一川"的地貌。这一地区以中山地貌为主，高峰林立，断陷盆地散落于群山之中。著名的汉中盆地和安康盆地是陕西主要的农业区和亚热带资源宝库，也是陕西水稻和油菜的主要产区。

瑰丽的三秦大地

第二节　陕西的气候特征

陕西横跨亚热带、暖温带和中温带三个气候带，整体上属于大陆季风性气候，由于南北延伸较长，跨纬度较多，因此境内南北气候差异较大。陕南盆地为北亚热带湿润气候，关中盆地及陕北大部分地区为暖温带半干旱或半湿润气候，长城沿线以北为温带干旱半干旱气候。陕西气候的总体特点是：春季温和干燥，降水较少，气温回升快但不稳定，多风沙天气；夏季炎热多雨，间有伏旱；秋季凉爽且较湿润，气温下降快；冬季寒冷干燥，气温低，雨雪稀少。

< 秦巴山地

我爱陕西

陕西温度分布由南向北、自西向东递减，全省年平均气温在7℃—16℃。其中，陕北7℃—12℃；关中12℃—14℃；陕南的浅山河谷为全省最暖地区，多在14℃—16℃。陕西1月平均气温 -11℃—3.5℃，7月平均气温21℃—28℃，无霜期160℃—250天，极端最低气温 -32.7℃，极端最高气温42.8℃。

陕西年降水量分布由南向北递减。陕西的降水量受山地地形影响比较显著，春季少于秋季，春季降水量占全年的13%—24%。冬季降水稀少，只占全年的1%—4%。暴雨开始于4月，结束于11月，主要集中在7—8月。

第三节　陕西的行政区划及历史变迁

陕西省是中国目前现存的省份中建省最早的。早在春秋战国时期，陕西地区就被纳入了行政区划的范围。春秋战国时期，魏国在洛河下游设立上郡，楚国在汉江中游设立汉中郡，秦国在陕北设立上郡。秦始皇统一六国后，推行郡县制，陕西境内除保留上郡和汉中郡外，在渭河流域另外设置了与郡同级的内史。

西汉沿袭了秦朝的制度，保留了上郡和汉中郡，将秦朝时期的内史又划分为3个相当于郡的行政区：京兆尹、左冯翊和右扶风，称为"三辅"，治所均在长安城。

三国时期，现今陕西地区的大部分由雍州、荆州、益州管辖。西晋时期大体上与三国时期一致。东晋至唐朝统一之前，战争频繁，南北分裂，行政区划混乱。

唐朝时期实行道辖州、郡的制度，现今的关中、陕北地区属于关内道，陕南地区属于山南道。宋朝时期改道为路，现今陕西的大部分地区属于永兴军路，治所在今天的西安市。金朝承袭了宋朝的路制。元朝时期设立行省，陕西行省管辖现今的陕西及甘肃、内蒙古部分地区。明朝在元朝行省制度的基础上设立布政使司，陕西布政使司管理现今的陕西全境、甘肃嘉峪关以东各地、宁夏和内蒙古伊克昭盟的大部分地区以及青海湖以东的地区。清朝废去布政使司的称号，仍称行省或省，清朝初期陕西仍然管辖现今的甘肃、宁夏和青海东部，到了康熙二年（1663 年），陕、甘两地分省而治。

清朝灭亡后，陕西省于 1926 年 11 月起开始隶属于国民政府，但直到 1927 年 7 月陕西省政府才正式建立。1930 年 10 月，国民政府任命杨虎城为陕西省政府主席后，陕西各县才开始依据国民政府的《县组织法》进行改组。新中国成立后，经历过几次行政区划的调整，但陕西省的范围总体上与民国时期一致。

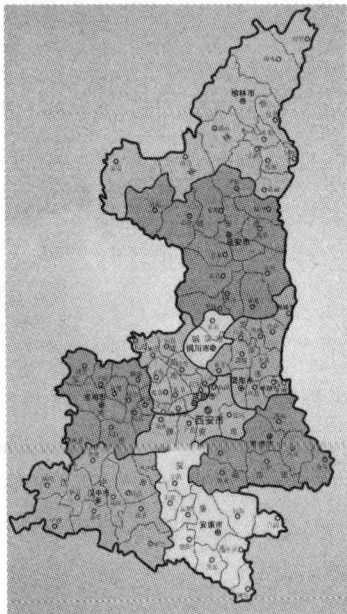

< 陕西政区图

第四节　陕西的山川、河流和湖泊

　　二十多万平方公里的陕西大地，山水川原，各具特色。关中地区，八百里秦川横亘其中，平原、山川与黄土塬地交相辉映；陕南地区，山清水秀，景色如画，美不胜收；陕北地区，地势高亢，山峰高高低低，此起彼伏，绵延不绝；壮丽的母亲河——黄河，浩浩荡荡，奔腾咆哮，尽显瑰丽风韵。

∧ 巍巍秦岭

瑰丽的三秦大地

一、山川

秦岭位于中国内陆的中部地区，横穿陕西中部。秦岭东西绵延1500公里，南北宽达100—150公里，海拔多为1500—2500米。它是中国气候、植被、长江黄河水系最重要的南北分水岭，被誉为"中国人的中央国家公园"。秦岭山地对气流运行有明显的阻滞作用。夏季的时候，湿润的海洋气流不易深入西北内陆，使北方气候干燥；冬季的时候，北方的寒潮不易南下，使汉中盆地、四川盆地少受冷空气侵袭。秦岭以南的河流终年不结冰，植被以常绿阔叶林为主，土壤多呈酸性。秦岭以北是著名的黄土高原，1月平均气温在0℃以下，冬季时河流冻结，植被以落叶阔叶林为主，土壤中含有丰富的钙质。秦岭山地、白龙江流域还保存着连片的原始森林，其中生存着一些珍贵的动物和植物。秦岭山脉中还有朱鹮、大熊猫、金丝猴、羚牛、大鲵等各类珍稀动物自然保护区，这些珍奇的动物给人以返璞归真的感觉，为秦岭增添了无穷的魅力。秦岭主峰太白山海拔3767米，为中国东部超过3000米的少数山峰之一。山顶气候寒冷，常年白雪皑皑，天气晴朗时在百里之外可以看见银色的山峰。

五岳之一的西岳华山位于陕西省华阴市境内，距离西安市区120公里。由于山峰的形状像一朵花而得名华山，又名太华山。华山素有"奇险天下第一山"之称，海拔最高处为2160.5米。华山是由一块完整硕大的花岗岩体构成的，现在的华山有东、西、南、北、中五峰，主峰有南峰"落雁"、东峰"朝阳"、西峰"莲花"，三峰鼎峙，人称"天外二峰"。此外，还有云台、玉女二峰相辅于侧，36小峰罗列于前，龙盘虎踞，重峦叠嶂。由于华山的海拔较高，所以山上气候变化万千，进而形成了"云华山"、"雨华山"、"雾华山"、"雪华山"的美景，身处其中，宛如在仙境中一般。

華山長空栈道 >

　　南宫山位于陕西省安康市岚皋县东部，是大巴山北坡化龙山的一条支脉。南宫山的冰川地貌集奇、险、野、秀、幽于一身，姿态万千，妙趣横生。南宫山森林环境优美，风景资源丰富，景观以林壑、奇石、溪泉、云海为主，置身于此奇绝的境地，愈能感受到一种无尽的乐趣。南宫山还有种类繁多的生物资源，有种子植物、蕨类植物1800多种，野生动物300多种，其中珍稀频危植物有珙桐、红豆树、鹅掌楸、麦吊云杉、银杏、延龄草、

南宫山 >

　　　　　　　　　　　　　　　　　　瑰丽的三秦大地

<　子午岭

野大豆等 31 种，珍贵野生动物有苏门羚、金钱豹、灵猫、金雕、锦鸡、大鲵等。

子午岭，又名横岭、桥山，地跨陕西、甘肃两省，处于黄土高原的腹地。因为和本初子午线的方向一致，所以称为子午岭。子午岭地势南高北低，自西向东北倾斜，海拔为 1300—1700 米，相对高差 300 米。子午岭处于森林草原和半干旱草原的过渡区，因而气候温和湿润。子午岭不仅有优美的高原林海风光，还有源远流长的历史文化遗存和丰富的动植物资源。子午岭生长着松树、柏树、桦树等 200 多种经济林木；栖息着豹、狍鹿、灵猫、黑鹳等 150 多种野生动物。子午岭森林不仅是一块经济林，而且还是一块重要的生态林，因此，被誉为陇东大地的"绿色屏障"、黄土高原的"天然水库"。

一、河流

发源于青藏高原的黄河和长江两条大河都流经陕西。流经陕西的黄河流域水系主要有渭河、延河和无定河。

渭河 >

　　渭河是黄河最大的支流，发源于甘肃省渭源县乌鼠山，于陕西宝鸡凤阁岭附近流入陕西，在潼关注入黄河。渭河由西向东贯穿关中平原，南靠秦岭，东至黄河干流，北至子午岭、黄龙山，与陕北黄土沟壑区相连。渭河干流全长818公里，陕西省境内河长502公里，渭河的集水面积为62440平方公里，陕西省境内渭河流域面积33560平方公里。渭河北岸的主要支流有泾河、洛河、千河、漆水河、石川河、沮河等，水量较丰富，源远流长；南岸的主要支流有黑河、沣河、灞河、尤河等，河流短小，汛期河水陡涨陡落，枯季河流干涸。

　　延河是革命圣地延安境内的主要河流，发源于陕西省榆林市靖边县，经延安市志丹县、安塞县，流贯延安市区，在延长县南河沟乡凉水岸附近

延河 >

瑰丽的三秦大地

<无定河风光

注入黄河，全长 286.9 公里，延安境内河长 248.5 公里，流域面积 7725 平方公里。延河流域位于黄土高原地区，水土流失较为严重。

无定河发源于陕西省白于山区，途经毛乌素沙漠南缘，最后注入黄河，是榆林市境内最大的黄河支流。无定河全长 490 多公里，流域面积约 3 万平方公里，年径流量 15.3 亿立方米，夏秋两季径流量占 65% 以上。无定河北岸是毛乌素沙漠，南岸是黄土沟壑区，水土流失严重，河水含沙量大，平均每立方米浑水中含泥沙 144 千克，平均每年输入黄河的泥沙达 2.23 亿吨。经过多年的治理，现在的无定河流域桃红柳绿，碧水映日，林茂粮丰，四季飘香，人称"塞外小江南"。

流经陕西的长江流域水系主要有汉江和嘉陵江。

汉江是长江最大的支流，发源于陕西省汉中市宁强县大安镇的汉王山，全长 1700 公里，流域面积达 174300 平方公里。汉江从西乡县流入安康市区，由石泉县左溪河口入境，经石泉、汉阴、紫阳、岚皋、汉滨区、旬阳、白河七个县区，从白河县河口附近出境奔腾东去直到湖北。丹江是汉江的一大支流，发源于秦岭南麓，途经商州市、丹凤和商南县，到河南省的淅川县后汇入丹江口水库，在陕西境内长约 243 公里。

我爱陕西

秀美汉江 >

　　嘉陵江发源于秦岭，来自陕西省凤县的东源与甘肃天水的西汉水汇合后，西南流经略阳，穿大巴山，至四川省广元市昭化纳白龙江；南流经南充到合川先后与涪江、渠江汇合，到重庆市注入长江。嘉陵江全长1119公里，流域面积近16万平方公里，是长江支流中流域面积最大的，其长度仅次于汉水。嘉陵江支流众多，流域面积在500平方公里以上的一级支流就有17条，例如东河、西河、白龙江、涪江、渠江等。嘉陵江水系呈树枝状，东西基本对称。

嘉陵江峡谷 >

瑰丽的三秦大地

三、湖泊

红碱淖是陕西省北部毛乌素沙漠内的淡水内流湖，属高原性内陆湖，水位稳定，是陕西省最大的湖泊，也是中国最大的沙漠淡水湖，素有"大漠明珠"之美称。湖岸线长43.7公里，最大水深10.5米，平均水深8.2米，湖面海拔高达1100米。红碱淖总面积为90平方公里，淖上波光粼粼，烟雾弥漫，水草丰盛，秀丽宜人，景色壮观，融草原风光与江南泽国景象于一体。

瀛湖位于陕西省安康市西南汉江上游15公里处，是安康水电站筑坝形成的西北五省最大的淡水湖，总面积102.8平方公里，其中水域面积77.8平方公里，素有"陕西千岛湖"之称。瀛湖衔秦巴，吞汉江，湖中岛屿星罗棋布，湖周峰峦起伏，湖面波光涟漪，如诗如画，醉人心扉。

＜红碱淖

瀛湖＞

第二章

物华天宝——富饶的物产

　　临潼石榴历史悠久，早在唐朝就已闻名于世。石榴个大皮薄，子大核软，汁多渣少，酸甜适口。临潼石榴可谓全身是宝：果实可以直接食用，也可以制作果酒、果汁；果皮可以提炼单宁，或做天然的染料；根、果皮、花、叶可以入药。营养丰富，经济价值颇高。

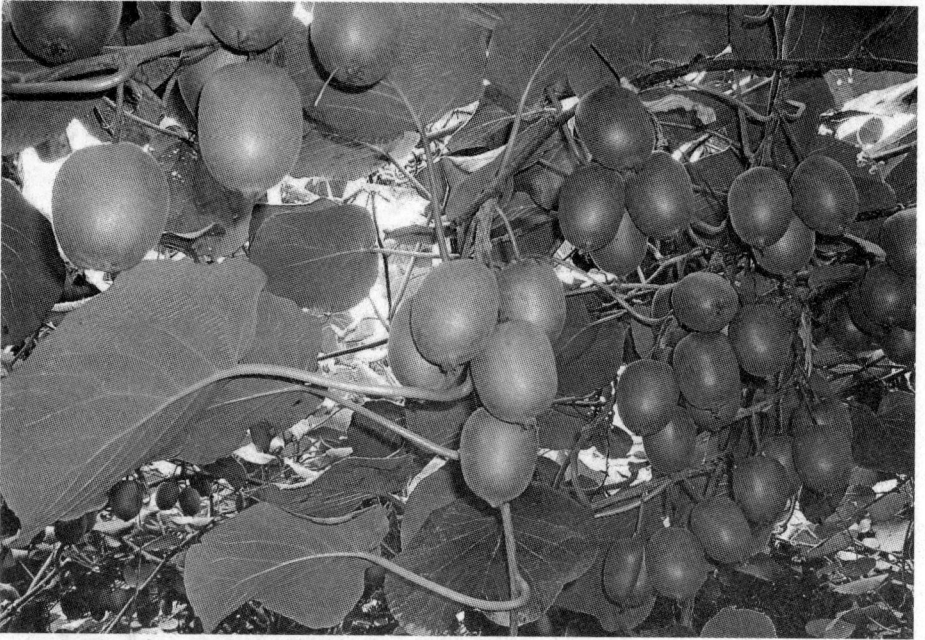

∧ 陕西秦岭是世界猕猴桃的原产地

第一节 广阔肥沃的土地资源

陕西省土地总面积 20.58 万平方公里，约占全国土地总面积的 2.1%。陕西土地资源的主要特点为山地多，川原少，全省海拔 800 米以下河川、台塬、山前洪积扇等仅占土地总面积的 10%。陕西山地总面积 741 万公顷，占全省土地总面积的 36%；高原总面积 926 万公顷，占全省土地总面积的 45%；平原 391 万公顷，占全省土地总面积的 19%。耕地总面积 480 万公顷，占全省土地总面积的 23.3%；水田面积 20.4 万公顷，占全省土地总面积的 1%；旱地面积 369.2 万公顷，占全省土地总面积的 17.9%；水浇地 88.7 万公顷，占全省土地总面积的 4.3%；林地 962.6 万公顷，占全省土地总面积的 46.8%；草地 317.9 万公顷，占全省土地总面积的 15.4%；水域面积 40.3 万公顷，占全省土地总面积的 2%。

陕西少华山国家森林公园 >

物华天宝——富饶的物产

< 汉江谷地

　　陕西土壤类型多种多样，全省共有21个土类，50个亚类，149个土属，400多个土种。主要土类有栗钙土、黑垆土、棕壤、褐土、黄棕壤、黄褐土、风沙土、黄绵土、水稻土、潮土、新积土、沼泽土和盐碱土等。风沙土主要分布在陕北高原长城以北的风沙区。黄绵土主要分布在陕北高原的黄土区。水稻土是陕南的主要农业土壤。新积土分布于河流两岸，全省各地均有分布。潮土主要分布在陕南和关中的凹湿地区。沼泽土分布在地形低凹、地下水经常出露的地区。盐碱土主要分布在关中河流两岸低凹地上，以蒲城县的卤泊滩最集中，另外，在灌区由于排灌不当，易形成次生盐碱土。陕北的栗钙土、黑垆土，陕南山地的山地棕壤、山地黄褐土、灰化土、原始土壤以及各地的风沙土、盐碱土等，一般地力较差，生产水平较低，而关中盆地的油土、汉江谷地的水稻土等土壤的分布区，则是相对高产的区域。

我爱陕西

20

第二节　储量丰富的矿产资源

　　三秦大地，人杰地灵。陕西大地下不仅埋着周秦汉唐等王朝的众多皇帝，还藏着很多"宝贝"。截至2006年底陕西省已查明资源储量的矿产93种，已列入陕西矿产资源储量表的矿产有87种、矿区695处。矿产资源储量潜在总价值超过42.58万亿元，约占全国的三分之一，居全国之首。

　　陕西矿产资源分布区域特色明显。陕北及渭北以优质煤、石油、天然气、铝土矿、水泥灰岩、粘土类及盐类矿产为主，其中陕北神府煤田是世界上少有的低磷、低硫、低灰、高热量的优质环保动力煤田；关中以金、钼、建材矿产、地下热水和矿泉水为主；陕南秦岭巴山地区以有色金属、贵金属、黑色金属和非金属矿产为主。

地质勘查 >

　　　　　　　　　　　　　物华天宝——富饶的物产

陕西省保有资源储量居全国前列的重要矿产有：盐、煤、石油、天然气、钼、汞、金、石灰岩、玻璃石英岩、高岭土、石棉等，不仅资源储量可观，且品级、质量较好，在国内、省内市场具有明显的优势。但有些关系到国计民生的重要矿产，如铁、铜、锰、铝、锡、钨、铂、萤石、钾盐、磷、金刚石等，或贫矿多、或探明储量少无可供规划的矿区，或开发利用条件差，少数矿种至今仍未探明储量。

第三节 多种多样的生物资源

陕西省自然环境复杂，生态条件多样，生物资源丰富，地域性分布明显。以秦岭为分隔线，陕西南北形成迥然不同的气候带，从北到南有温带

< 秦岭羚牛

草原地带、森林草原地带、暖温带落叶阔叶林地带、北亚热带常绿落叶阔叶林地带。陕西省的森林在这种错综复杂的环境中，发展成为多种不同的森林类型。

陕西生态条件多样，植物资源丰富，种类繁多。据全国第六次森林资源连续清查成果数据显示，陕西现有林地670.39万公顷，森林覆盖率32.6%；天然林467.59万公顷，主要分布在秦巴山区、关山、黄龙山和桥山。总的来说，阔叶林在陕西天然林中占有绝对优势（约占80%），针叶林虽然所占比重极小，但分布非常广泛。秦岭巴山素有"生物基因库"之称，有野生种子植物3300余种，约占全国的10%；珍稀植物30种；药用植物近800种。陕西野生陆生脊椎珍贵动物众多，现有野生动物604余种，鸟类380种，哺乳类147种，均占全国的30%；两栖爬行类动物77种，占全国的13%。其中珍稀动物69种，大熊猫、金丝猴、羚牛、朱鹮等12种

黄芪 >

物华天宝——富饶的物产

被列为国家一级保护动物。陕西省内的草原属于温带草原，主要分布在陕北地区，为陕西省发展畜牧业提供了良好的条件。陕西省内的家畜家禽，主要有牛、马、驴、骡、骆驼、猪、山羊、奶山羊、绵羊、家兔、鸡、鸭、鹅等，其中秦川牛、关中驴、西镇牛、佳米驴驰名中外。陕西省的种植业资源也十分丰富。据调查全省有野生维管植物3300多种，分属1000多属，190余科，居我国北方诸省（区）前列。其中种子植物3100余种，1000多属，160余科；栽培植物60余种，主要有小麦、水稻、玉米、谷子、糜子、高粱、春小麦、黑麦、莜麦、青稞、荞麦、黑豆、白豆、青豆、绿豆、蔓豆、扁豆、豌豆、薯类、棉花、烟草、油菜、芝麻、花生、大麻、小麻、黄芥、云芥及各种蔬菜等。栽培的果树主要有苹果、枣、梨、核桃、柿子、石榴、桃、杏、葡萄、板栗、柑桔等。

这些生物资源，除种植业、养殖业、栽培业为发展陕西省农、林、牧、副、渔及轻工业作出了重大贡献外，其他野生生物在保护环境、恢复生态平衡，用作饲料、燃料、食品、医药、工业原料，以及提供观赏和科学研究等方面也发挥了重要的作用。

知识小百科

朱鹮

朱鹮是一种中型涉禽，体长67—69厘米，体重1.4—1.9千克，体态秀美典雅，行动端庄大方，十分美丽。与其他鸟举不同，它的头部只有脸颊是裸露的，呈朱红色，虹膜为橙红色，黑色的嘴细长而向下弯曲，后枕部还长着由几十根粗长的羽毛组成的柳叶形羽冠，披散在脖颈之上。腿不算太长，颈的下部裸露，颜色也是朱红色。一身羽毛洁白如雪，两个翅膀的下侧和圆形尾羽的一部分闪耀着朱红色的光辉，显得淡雅而美丽。由于朱鹮的性格温顺,中国民间都把它看作是吉祥的象征,称为"吉祥之鸟"。朱鹮平时栖息在高大的乔木上,觅食时才飞到水田、沼泽地和山区溪流处,以捕捉蝗虫、青蛙、小鱼、田螺、泥鳅等为生。

朱鹮 >

第四节　驰名中外的土特产品

陕西的土特产品种类之多、发展之盛在全国是出了名的,其中独具当地风味的有:陕北大红枣、白水苹果、西凤酒、黄桂稠酒等等。

　　　　　　　　物华天宝——富饶的物产

　　陕北大红枣是扬名四海的陕西传统名优特产之一。陕北有"一斗枣，二斗粮，里面还加二斤糖"的俗语，可见当地人认为枣和粮食一样，都是日常生活中必不可少的。陕北红枣的主要特点是果实大果核小，果皮薄果肉厚，吃起来口感香脆，味道甘甜爽口，可谓是"味夺石蜜甜偏永，红迈朱樱色莫论"。陕北大红枣主产于陕北黄河、洛河沿岸的延川、清涧、绥德、延长、神木、吴堡、佳县等县。特别是绥德的枣林坪、清涧的舍峪里等地，早已是陕北大红枣的著名产区。目前，陕北大红枣除畅销国内市场外，还大量出口，销往国外。

　　妇孺皆知，白水县素有"中国苹果之乡"的美誉，是国内外专家公认的苹果最佳优生区之一，白水苹果也就自然而然地成为陕西的知名品牌之一。20世纪80年代，在全国苹果气候区划中，陕西省白水县被列为我国著名的黄土高原优质高产区，是我国少有的苹果优生气候区之一，也是我国发展优质苹果的理想地区。白水县日照充足，紫外线强烈，昼夜温差大，空气湿度低，病虫害少，因而结出的苹果果实颜色鲜亮，香味浓厚，品质优良，贮存时间长，具有特殊的商品价值和经济价值。

白水苹果 >

　　西凤酒是我国"八大名酒"之一，早在唐朝西凤酒就以"甘泉佳酿，清冽醇馥"闻名于世。西凤酒属于复合香型大曲白酒，集"酸、甜、苦、辣、香"五味于一体，酒液清沏透明，甘润甜爽，喝上一口，回味无穷。相传凤翔县酿酒业始于周秦，盛于唐宋。当地出土的文物中，有属于周朝和战国时期的酒器，说明当时酿酒业发达，饮酒风气盛行。唐贞观年间，吏部侍郎裴行俭送波斯王子回国路过凤翔，曾以"送客亭子头，蜂醉蝶不舞，三阳开国泰，美哉柳林酒"的诗句赞美西凤酒。北宋文学家苏东坡在凤翔任职时就留下了"花开酒美喝不醉"的诗句。

西凤酒 >

　　　　　　　　　　　　　　　物华天宝——富饶的物产

水晶饼因其外表透明，宛如水晶一般而得名。早在宋代，水晶饼就享有很高的声誉。传说宋朝的丞相寇准为官清廉，办事公正，深得民心。寇准五十大寿期间，从京都汴梁回到老家渭南探亲，乡亲们纷纷前来给他贺寿。在乡亲们送的寿礼中有一个精致的桐木盒子，寇准觉得十分好看，打开一看，里面装着50个晶莹透亮如同水晶般的点心。在点心上还放着一张红纸，上面写着："公有水晶目，又有水晶心，能辨忠与奸，清白不染尘。"后来，寇准就给这个点心起了个好听的名字，叫"水晶饼"。水晶饼的特色是金面银帮，起皮掉酥，油而不腻，凉舌渗齿，甜润适口，具有浓郁的玫瑰芳香。现今陕西的水晶饼以渭南出产的"乐天牌"水晶饼和西安德懋恭生产的水晶饼最为出名。

临潼石榴历史悠久，早在唐朝就已闻名于世。临潼石榴个大皮薄，子大核软，汁多渣少，酸甜适口。临潼石榴可谓全身是宝：果实可以直接食用，也可以制作果酒、果汁；果皮可以提炼单宁，或做天然的染料；根、果皮、花、叶可以入药，具有收敛、止泻、杀虫等功效。关于临潼石榴的

< 水晶饼

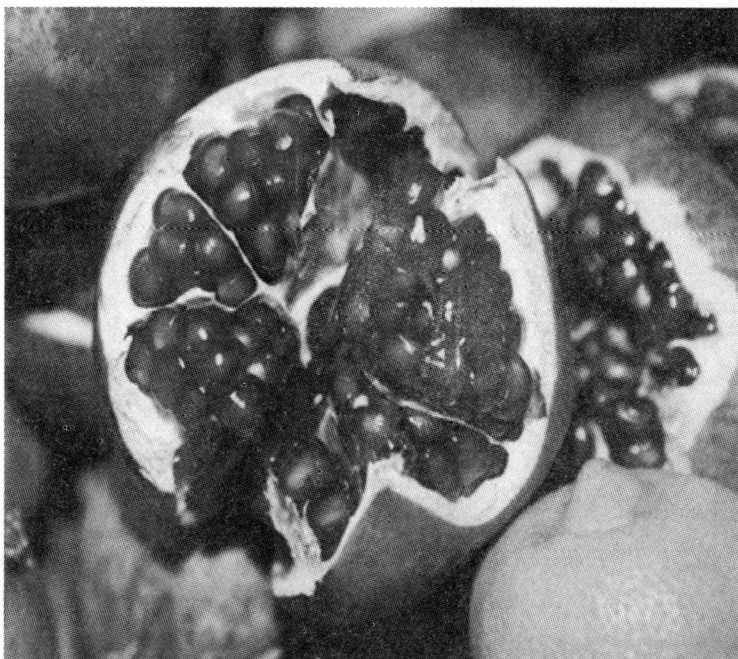

临潼石榴 >

来历，还有一段神奇的传说。相传女娲炼石补天的时候，把一块红色的宝石遗落在骊山脚下。有一年，安石国王子打猎，在山林里看到一只快要冻死的金翅鸟，就把它抱回宫中进行医治。金翅鸟得救后，为了报答王子的救命之恩，不远万里，将骊山脚下的那块红宝石衔到安石国的御花园。不久，那块红宝石就长出一棵花红叶茂的奇树，安石国王便给它赐名"安石榴"。公元前119年张骞出使西域，来到了安石国。那时，安石国正植大旱，土地龟裂，庄稼枯黄，连御花园中的石榴树也奄奄一息。于是，张骞便把汉朝兴修水利的经验告诉他们，救活了枯萎的庄稼，也救活了这棵石榴树。张骞回国的时候，安石国王为了表达对张骞的感谢，送给他许多金银珠宝，但是，张骞只收下了一些石榴种子作为纪念品带回汉朝。从此，由骊山红宝石变成的石榴，便开始在长安上林苑和骊山脚下定居繁衍，经过多年的演变就成了今天我们所见到的临潼石榴。

物华天宝——富饶的物产

<凤翔腊驴肉

驴肉具有补气血、益脏腑等功能，对于积年劳损、久病初愈、气血亏虚、短气乏力、食欲不振者皆为补益食疗的佳品。因此民间有"天上龙肉，地上驴肉"的说法。陕西关中盛产驰名全国的关中驴。凤翔腊驴肉就是选用关中驴的腿肉精制而成。腊驴肉创制于清代咸丰年间。腊驴肉的制作要选上等驴肉，经过夏、秋、冬三季的晒、压、煮、腌而成。其切片颜色鲜红、肉质细腻、酥而有筋、味道鲜美、回味无穷。特别是"钱钱肉"，可谓是腊驴肉中的精品。

历史悠久的黄桂稠酒有健胃、活血、止渴、润肺等功能。黄桂稠酒的制作工艺精湛，操作要求严格，在整个酿制过程中，从糯米淘洗到拌曲、

<黄桂稠酒

装坛、压酒等十多道工序，都有明确的程序，丝毫不能含糊。饮用时根椐需要，从坛中取出酒醅，加适量的洁净凉水倒入罗筛过滤，放在水锅中加热烧开，并调入黄桂、白糖，即可热饮。其特点是形状像牛奶，颜色像白玉，汁稠醇香，绵甜适口，不似酒，胜似酒。黄桂稠酒的酒精含量在 15% 左右，之所以称它为酒，只是因为喝在口中，不乏酒味而已。老弱妇幼和不善饮酒者，均可大碗来喝。后来，人们在酒液中配以中药黄桂，使酒有黄桂的芳香，故取名"黄桂稠酒"。相传"贵妃醉酒"喝的就是黄桂稠酒，故又称"贵妃稠酒"。

歧山挂面在清光绪时期就是向皇室进贡的地方名产之一。1931 年曾参加过美国旧金山举行的"万国博览会"。歧山挂面选用优质小麦面粉，经过揉条、搓条、上棍等十道工序精制而成。岐山挂面制作工艺独特，面条又白又细，耐煮味香，食用方便。在岐山县和西府一些地方，以前大都把挂面当作礼物送给亲朋友好友。但是，在岐山县，给专门制作挂面的人家送礼时，一定不能送挂面，因为害怕班门弄斧。目前在陕西，歧山挂面已经形成十多个比较集中的加工基地。

洋县种植黑稻米，距今已有 2000 多年的历史。由于黑稻米味美，所以，从西汉初期到清朝末年，洋县黑米都是向帝王进献的贡米。洋县黑米颜色

歧山挂面 >

　　　　　　　　　　　　　　物华天宝——富饶的物产

<洋县黑米

乌黑发亮，煮成粥后为深棕色，味道浓香，营养价值特别高。经常食用洋县黑米，具有滋阴补肾、益气强身、明目活血的作用。如果用洋县黑米和陕北红枣一起煮粥，更是色香味俱全，人们把这种粥称为"黑红双绝"。用洋县黑米配以白果、银耳、核桃仁、花生米、红枣、冰糖、苡米做成的"黑米八宝粥"，是难得的高级滋补美食，长期服用，可以益寿延年。

锅盔馍原来是外婆给外孙贺弥月赠送的礼品，后来发展成为关中独特的风味小吃。锅盔整体呈圆形，直径尺许，厚1寸，重5斤。做的时候，用精细的小麦面粉和面，浅底锅小火慢慢地烘烤。烤熟后，外表金黄，切口砂白，像一个大锅盖子，吃起来更是酥香可口，耐人回味。陕西羊肉泡馍里面的馍用的就是这种锅盔馍。

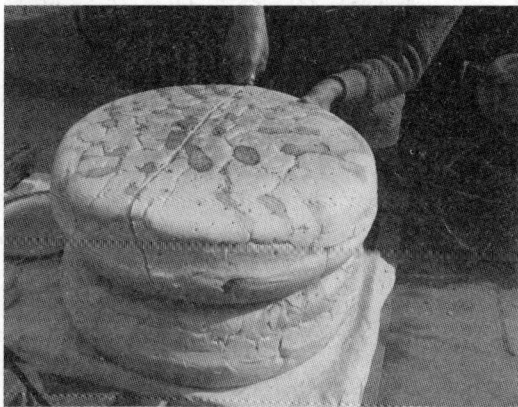

< 锅盔馍

第三章

源远流长的陕西历史

  陕西在上古时代是华夏九州中的雍州和梁州。早在110万年前，蓝田猿人就生息繁衍于灞河两岸；西安城东的半坡遗址开创了中华文明；后稷开启农耕文明；仓颉创造汉字；张骞发轫丝绸之路；司马迁独领传记史书之风骚……无不标志着陕西古代文明的灿烂与辉煌。

∧ 革命圣地延安

第一节 文明发祥地

陕西是光辉灿烂的中国古代文明的发祥地之一。大约在 80—120 万年前，关中地区的蓝田猿人和陕南汉中龙岗寺人就生活在这片土地上。陕西从西周起，就进入了一个新的历史发展时期。周族是陕西关中一个古老的部族。周人以周原为活动中心后，就有了文字记事。秦阿房宫、秦始皇陵、乾陵等都记录了源远流长的陕西古代文明，其中已经开发的秦始皇兵马俑坑，就展现了一个巨大地下雕塑艺术宝库，反映出当时高超的艺术水平，是我国文化史上一个光辉灿烂的篇章。

蓝田猿人头盖骨 >

源远流长的陕西历史

第二节　农业发祥地

　　陕西是我国农业生产开发最早的地区之一。大约在 6000 年前，半坡人就在这里从事农业生产、饲养家畜、打猎捕捞、采集果实。当时种植的谷物主要是粟。传说最早从事种植稷和麦的人便是陕西关中周人的祖先。《史记·周本纪》记载，4000 多年前，我国历史上最早的农官——后稷，就在这一带"教民稼穑，树艺五谷"。中国的农耕文明史正是由此发端。到了西周末年，关中地区的农业生产有了新的发展，并逐步向其他地区传播。

知识小百科

后稷

　　周的始祖名弃，曾经被尧举为"农师"，被舜命为后稷。弃精于农作，他所种的谷物"实方实苞，实种实褎，实发实秀，实坚实好，实颖实栗"，很受人们称赞。在古人印象里，后稷的农穑是大有功于民的伟业，《尚书·吕刑》就把他和伯夷、大禹并列，说是"稷降播种，农殖嘉谷"。弃还是观象授时的能手，相传他善于观测星辰以掌握农时。在很长时期里，周族首领世称后稷，可见周族是得力于农作的发展而兴起的。

第三节　自古帝王都

　　陕西是中国最主要的文化发祥地之一，中国历史上强大的周、秦、汉、唐等朝代在这里创造了名震中外的奇迹。西周的丰镐，秦时的咸阳，西汉的长安，大夏的统万，隋、唐的大兴和长安，这些古都向我们诉说着陕西的历史与辉煌。

　　陕西历史上共有 14 个王朝建都，历时 1078 年，其中西安及其附近有 13 个王朝建都，历时 1054 年，榆林靖边县有大夏王朝建都 24 年。按历史

古都西安 >

源远流长的陕西历史

顺序排列如下：西周（公元前 1121 年至前 771 年）历时 350 年，秦（公元前 221 年至前 207 年）历时 15 年，西汉（公元前 206 至公元 8 年）历时 214 年，新莽（公元 9 年至 23 年）历时 15 年，东汉（公元 190 年至 195 年）历时 5 年，西晋（公元 313 年至 316 年）历时 4 年，前赵（公元 318 年至 329 年）历时 12 年，前秦（公元 351 年全 384 年）历时 34 年，后秦（公元 386 年至 417 年）历时 32 年，大夏（公元 407 年至 431 年）历时 24 年，西魏（公元 535 年至 556 年）历时 22 年，北周（公元 557 年至 581 年）历时 25 年，隋（公元 581 至 618 年）历时 37 年，唐（公元 618 年至 907 年）历时 289 年。另外，刘玄、赤眉、黄巢、李自成等农民起义军，也曾在陕西建立政权，共历时 11 年。

昔日的皇家都城，已经随着时光的流逝消失在我们的视线中，但那些残垣断壁，依然显示着历史的厚重积淀和璀璨繁荣。

第四节　半坡遗址

半坡遗址位于陕西省西安市东郊灞桥区浐河东岸，属于新石器时代的仰韶文化，是黄河流域规模最大、保存最完整的母系氏族公社村落遗址。

半坡遗址是 1953 年春天灞桥火力发电厂在施工中偶然发现的，经碳十四测定年代为距今 6800 至 5300 年。半坡遗址现存面枳约 5 万平方米，分居住区、制陶区和墓葬区 3 个部分。发掘面积为 1 万平方米，共发现房屋遗址 46 座，圈栏 2 座，储藏物品的地窖 200 多个，成人墓葬 174 座，小孩瓮棺葬 73 座，烧陶窑址 6 座，以及大量生产工具和生活用品。半坡

∧ 半坡遗址博物馆

遗址的发掘向我们展示了 6000 多年前处于母系氏族社会繁荣时期的半坡先民们的生产与生活情景。

1957 年在考古发掘的基础上，就地建成了中国第一座新石器时代遗址博物馆——西安半坡博物馆。博物馆面积约 3000 平方米，有半地穴式的房屋、窖穴、圈栏及起防护和泄洪作用的大围沟等遗迹，比较完整地呈现了半坡原始社会村落的面貌。半坡博物馆现在有 2 个陈列室和 1 个遗址大厅。第一陈列室主要展出的是在半坡遗址中发现的石器、渔具、纺轮、骨针、鱼钩、鱼叉等生产工具。第二陈列室主要展出的是半坡人在社会生活、文化艺术方面的各种发明创造。遗址大厅是半坡村落的一部分，面积为 3000 平方米。从遗址中可以看到一条长 300 多米、深约 5 米、宽约 6 米的大鸿沟，这条鸿沟的作用是保护村落不受外来部落的侵犯和防止野兽的突然袭击。遗址中还有公共的墓地，有的墓地上放着瓮罐，瓮罐上盖着

陶盆，陶盆中间钻有一个小孔，人死后尸骨放在瓮罐中，小孔的作用是让死者的灵魂可以自由出入。遗址中还有储藏物品的地窖和公共仓库等。

在半坡人的经济生活中，农业生产居于首要位置。半坡先民焚烧树木，再在焚烧的地方种植粟等旱地作物。当时人们从事生产活动时使用的工具是用石头、兽骨、鹿角和陶片等制造的。除粮食生产之外，半坡人也已经开始种植蔬菜和饲养家畜，饲养的牲畜有猪和狗两种，其中以猪为主。打猎、捕鱼也是当时一项重要的生产活动。

< 半坡遗址的陶器

我爱陕西

仰韶文化

仰韶文化是中国黄河中游地区重要的新石器时代文化，它的持续时间大约在公元前5000年至前3000年。仰韶文化分布在今天的甘肃省到河南省之间，名称来源于其第一个发掘地——河南省三门峡市渑池的仰韶村遗址。

仰韶文化是一个以农业为主的文化，其村落或大或小，比较大的村落的房屋有一定的布局，周围有一条围沟，村落外有墓地和窑场。村落内的房屋主要有圆形或方形两种，早期的房屋以圆形单间为多，后期以方形多间为多。房屋的墙壁是泥做的，有用草混在里面的，也有用木头做骨架的。墙的外部多被裹草后点燃烧过，来加强其坚固度和耐水性。

仰韶文化的农耕石器包括石斧、石铲、磨盘等，除此之外还有骨器。除农耕外仰韶文化的人还进行渔猎。在出土的文物中有骨制的鱼钩、鱼叉、箭头等。仰韶文化前期的陶器多是手制的，中期开始出现轮制的。一些陶器上留有布和编织物印下来的纹路，由此可见仰韶文化有编织和织布的手工业。在发掘的动物骨头中除猎取的野生动物外还有大量狗和猪的骨骼，羊比较少。

半坡遗址是主要的产陶地，陶器在当时已被广泛使用。半坡遗址的陶器在制作技术上采用了模制法和泥条盘筑法，并逐渐以转动的轮盘修整器口器形。人面鱼纹是半坡彩陶画的典型作品，它反映了半坡人丰富的艺术想象力和精巧的陶器制作方法。人面鱼纹线条明快，人头像的头顶有三角形的发髻，两嘴角边各衔一条小鱼。从这一图画中可以看出，半坡人和鱼之间有着密切的关系和特殊的感情，鱼可能是半坡氏族的图腾。尖底瓶是半坡遗址出土的最具特点的陶器之一，它巧妙地运用了重心原理，汲水的

<半坡遗址的
人面含双鱼纹
彩陶盆

时候，在耳朵上系上绳子，瓶子接触到水面受浮力的影响就会自动倾斜，灌满水后又因为重心移动而自然竖起。用它盛水还有两大特点，一是便于手提与肩背；二是口小，灌满水后从河边到居住区的路上水不易漫出。先民们通过长期的实践还发现水蒸汽可以熟食，于是制作了陶甑，这是人类历史上最早利用蒸汽的范例。

半坡遗址的建筑也已经具备典型中国建筑的雏型。这些房屋均采用木骨涂泥的构筑方法，其建筑风格：门前有雨棚，恰似"堂"的雏形，再向屋内发展，形成了后进的"明间"；隔墙左右形成两个"次间"，正是"一明两暗"的形式，如若横向观察，又将隔室与室内分为前后两部分，形成"前堂后室"的格局。

半坡遗址的发掘，是对一个原始氏族部落遗址进行的首次大面积的揭露，确立了一个新的文化类型，为研究中国黄河流域原始氏族社会的性质、部落布局、经济发展、文化生活等提供了较完整的资料，对研究中国原始社会历史和仰韶文化的分期具有重要的科学价值。

第五节 汉唐西安与丝绸之路

丝绸之路，是指中国古代经中亚通往南亚、西亚以及欧洲、北非的陆上贸易通道，因大量中国丝绸经此道西运，故称"丝绸之路"。这条大动脉贯通了当时人类文明发展的中心——亚、欧、非三个大陆，导致黄河流域的中华古文明、印度河流域的印度古文明、两河流域的希腊古文明、尼罗河流域的埃及古文明以及欧洲大陆的罗马古文明交流融合，也促进了佛教、基督教、摩尼教和伊斯兰教向东西传播，给人类文明发展史以极大的影响。因此，有学者认为"丝绸之路"的贯通，对人类历史的影响不亚于哥伦布对新大陆的发现。

中国史籍以"凿空"称赞张骞开通丝绸之路的卓越贡献。西汉通西域后，汉使者、商人接踵西行，大量丝帛锦绣外运。西域五十余国通使汉廷，不绝于路，各国商队也将各自的珍奇异物运至长安，汉长安城遂成为一个国际性的商贸大都会。

汉长安城是当时全国的政治、经济和文化中心。城略呈方形，四面各开三门，城垣面积达 36 平方公里。人口约达 50 万，是当时世界上最昌盛的城市。西汉王朝在长安城设立大鸿胪专门管理外交事务。在长安未央宫北的藁街设立居住各国使节的使馆区。对一些友好国家的国王、君长慕名而到长安的，往往被安置在长安南郊上林苑内的葡萄宫、平乐观等国宾馆接待。不少国家还送年轻的王子到长安学习先进的汉文化，其中有些回国继位后，更促进了双方的友好交往。

西域各国的商人，往往以各国使者的名义来长安。他们组成庞大的商队，少者百十人，多者数百人带来各自国家的珍奇异物。外域文化也使长安的人们耳目一新。由西域传来了箜篌、觱篥、琵琶、胡茄、胡笛等乐器，使胡乐风靡长安。西域的舞蹈也在长安流行起来。以欧洲罗马黎轩善眩人（魔术师）为代表的杂技百戏在长安演出，更使朝野倾动。这些都开阔了人们的视野，丰富了人们的文化生活。

魏晋南北朝时期，是一个战乱纷争的时代。汉长安城也难免兵火破坏。但先后仍有前赵、前秦、后秦、西魏、北周以汉长安城为都。在丝绸之路因中国国内政治动乱无暇西顾而时断时通时，汉长安城始终是中国西部地区最繁荣、最重要的城市，也是集结中西国际贸易的重要商埠。

隋唐长安城规模浩大、气势恢弘、布局整齐，城垣面积达84平方公里，人口达百万之众。随着丝绸之路的畅通和繁盛，长安成为交通频繁、宾客辐辏、商业繁荣的国际性大都会，有来自各国的使节、学者、高僧、艺术家、留学生和商人，有大批外国人流寓侨居。他们中最多的是商人，在长安西市经营者多达数千人。他们的下层，由于娴于驯养驼马，长于骑射狩猎，故多为长安的豪贵、富商所雇用豢养。在西安出土的唐代墓葬中大量牵驼牵马俑、骑马狩猎俑都生动地反映了这一历史事实。他们勇武豪迈、剽悍矫健的性格特征，都被表现得淋漓尽致。

经丝绸之路传入中国的宗教最早是佛教，此时唐长安城内已是塔寺林立、名僧辈出的佛教重地，佛教寺院有上百所。唐朝廷对侨居长安的外国人采取保护和礼遇的政策，对他们的宗教信仰也采取宽容和尊重的态度，准许在长安建立其宗教祠宇。因之从外域先后传入的有火祆教、景教、摩尼教和伊斯兰教。火祆教是波斯萨珊王朝国教，在与西市相接的醴泉、布政、崇化等坊都立有祠宇。另外在开远门北侧的普宁坊，东市旁的靖恭坊也立有祠，这些祠宇所在，当是信奉者聚居的地方。

唐长安城作为国内国际的商业贸易中心，四方货物转运至长安，与水陆交通的发展不无关系。据《唐六典·卷五》载，当时全国驿站有1639所，其中"二百六十所水驿，一千二百九十七所陆驿，八十六所水陆相兼"。"东至宋汴，西至岐州，夹路列店肆待客，酒馔丰溢，每店皆有驴赁客乘，倏忽数十里，谓之驴驿；南指荆襄，北至太原、范阳，西至蜀州、凉府，皆有店肆，以供商旅，远适数千里，不持寸刃"，可见当时以长安为中心的全国水陆交通的畅通和安全。

"开远门前万里堠"。开远门是唐长安城的西门。这里是通向丝绸之路的起点。据《南部新书》载"平时开远门外立堠，上书，西去安西九千九百里，以示戎人不畏万里之行"，用以慰藉远行的人们。殊不知正是这种不远万里，不避险阻，勇往直前，开拓进取的精神，才使贯通中西的丝绸之路得以安全畅通，传播着和平、友谊、繁荣和文明，为人类的文明与发展作出了不朽贡献。

第六节　玄奘西行

唐僧在中国人尽皆知。从宋朝的《大唐三藏取经诗话》、元朝的杂剧《唐三藏西天取经》，到明朝的小说《西游记》，唐僧西天取经的故事已经流传了1000多年。然而许多人并不了解，唐僧就是我国唐朝著名的翻译家、旅行家、三藏高僧——玄奘法师。

唐僧，俗名陈祎，法名玄奘，通称三藏法师、唐三藏。玄奘出生于书香门第，小时候受父亲的教导学习经书。13岁时在洛阳净土寺出家当和尚。玄奘出家时，正好是隋末农民战争激烈的时期，他为了避难来到长安。后来，为了寻找师父学习佛法，经汉川到达成都，又到荆州，北上相州，至赵州，返回长安。玄奘四处学佛法，认识到对于佛教的宗旨，各家所言或不明不白，或说法不一，因此，他想要追根溯源，了解佛法真正的宗旨，于是他下定决心到西域的印度寻求佛法的经典。

< 玄奘法师铜像

　　贞观三年（629 年），玄奘从长安出发，经过兰州到达凉州。当时唐朝刚刚建立，国力尚不强大，与西北突厥人经常发生大小规模的战争，因此，唐朝禁止人们私自出关。凉州都督李大亮听说玄奘要西行去印度，就强令他返回长安。当地慧威法师敬重玄奘有如此宏大的愿望，便命令小徒弟慧琳、道整二人秘密送玄奘前行。他们怕白天出关被官兵逮捕，所以就选择夜晚上路。到达瓜州时，所骑的马累死了。这时李大亮捉拿玄奘的公文到达瓜州，州吏李昌认为玄奘的宏愿十分罕见，不应扣留他，就把公文毁掉，催促玄奘赶快前行。玄奘买了一匹去过伊吾（今哈蜜）15 趟的老瘦赤马，又收了一个名叫石盘陀的新徒弟和他一起上路。慧琳、道整二人不能忍受路途的艰辛，在半路便返回凉州。正是由于经历了这么多的艰难险阻，更坚定了玄奘西行的决心。半夜，他们偷渡玉门关成功，刚要休息的时候，石盘陀告诉玄奘，他不想再往前走了，路上实在太辛苦了。玄奘无奈，只好让他离去，孤身一人继续前进。到玉门关外的第一个哨口，玄奘晚上偷

偷过关的时候，被守卫的士兵发现了。校尉王详同情玄奘的遭遇，但知道他是不会返回长安的，所以就劝他到敦煌去修行。玄奘还是坚定了自己的想法，表示宁可受刑，也不会改变去印度的愿望。王详只得让他过了哨卡，并告诉他要往第四个哨口，那里有他的族人，可以放行。玄奘依言出发，过了第四个哨口。再前进就是800里莫贺延碛，这里人烟稀少，环境恶劣，玄奘心中默念《般若心经》，鼓励自己继续前行。

一道道难关过后，玄奘终于到达了印度。玄奘走遍印度各地，搜集和学习了各种佛学经典。玄奘求学的目的达到了，便带着佛经取道回国。

公元645年正月24日，游学了近110个国家的玄奘法师，终于回到了他阔别17年的大唐长安。据说，玄奘回长安那天，万人空巷，受到长安僧侣和人民的热烈欢迎。第二天，在长安的朱雀街南端，玄奘法师为众人展示了从中亚、南亚历经千辛万苦带回来的佛经、佛像等。

公元645年3月1日，玄奘法师回到了长安弘福寺，开始了他大规模的佛经翻译工作。从那时起直到他圆寂，玄奘译经长达19年之久。在他的主持下，一共翻译出的经论共74部，1335卷，1300万字，从翻译的数量来说，玄奘是中国佛教史上译经最多的一位法师。因此，他也被称为中国古代四大翻译家之一。

在玄奘译经的过程中，他还口述了一部讲述自己西行求法艰难历程的游记，这部伟大的著作就是由他的弟子辩机记录和整理的《大唐西域记》。此书详实地记录了玄奘离开高昌国后以及他在17年的胜迹巡礼中，所经历的110个国家的山川地理、历史沿革、风土风物、宗教信仰、民族风情等。这部伟大的游记成了后来研究西域、中亚、东南亚诸多国家历史地理、民族风俗以及语言学等重要的经典历史文献。

664年4月14日，长安城东古老的白鹿原见证了佛门历史上一段难忘的历史。唐王室在这里隆重举行了盛大的玄奘法师圆寂荼毗法会。据说，长安城500里内，有100万人前来参加三藏法师的荼毗仪式，而且有3万多信众自愿露宿在玄奘法师的墓葬旁为其守灵诵经。

玄奘法师在古代交通条件极其困难的情况下，17年中行走了5万里路，游历110个国家，这在世界历史上的旅行家中极其罕见。正像印度著名诗人泰戈尔所评价的"在到过印度的许多中国人中，玄奘法师无疑是最伟大的一个，他是中印文化合作的象征"。

知识小百科

《大唐西域记》，简称《西域记》，为唐代著名高僧唐玄奘口述，门人辩机奉唐太宗的敕令编集而成。《大唐西域记》分十二卷，共十余万字。卷一记载了今天新疆和中亚的广大地区，是玄奘初赴印度所经之地。卷二之首有印度总述，然后直到卷十一分述印度各国的概况，其中摩揭陀一国情况占去了八、九两整卷的篇幅。卷十二记载了玄奘返国途中经行的帕米尔高原和塔里木盆地南缘诸国的概况。全书共记述了玄奘亲身经历的110国和得之传闻的28国情况，书中对各国的记述繁简不一，通常包括国名、地理形势、幅员广狭、都邑大小、历时计算法、国王、族姓、宫室、农业、物产、货币、食物、衣饰、语言、文字、礼仪、兵刑、风俗、宗教信仰以及佛教圣迹、寺数、僧数、大小乘教的流行情况等内容。全书内容丰富、文字流畅、叙事翔实，再加上执笔人辩机文笔优美简洁，为全书增色不少。

第七节　长征会师

1934年10月，由于王明"左"倾冒险主义的错误领导，中央革命根据地（也称中央苏区）第五次反国民党"围剿"的战争失败，红军第一方面军（中央红军）主力开始长征，同时留下部分红军就地坚持游击战争。

　　1934年10月上旬，中央红军主力各军团分别集结陆续出发，中共中央和红军总部及直属纵队离开江西瑞金。1934年10月21日，中央红军从赣县王母渡向信丰县新田行进期间，突破了国民党军的第一道封锁线，沿粤赣边、湘粤边、湘桂边西行，至11月15日突破了国民党军第二、三道封锁线。然而在行进途中，博古、李德等领导人极力避免与国民党军的正面交战，一味退却，致使中央红军在战斗中一度处于不利地位。中央军委决定从兴安、全州之间抢渡湘江，经过激烈的战斗，终于于12月1日渡过湘江，冲破国民党军的第四道封锁线。但是，由于长期连续苦战，红军队伍锐减。1934年12月中旬，抵达湘黔边时，毛泽东极力主张放弃原来制定的进入湘西与第二、六军团会合的计划。12月28日，中共中央政治局在黎平开会，接受了毛泽东的主张，决定向以遵义为中心的川黔边地区前进。这一决定在当时挽救了红军，使红军避免了全军覆没的危险。1935年1月7日，红军占领遵义。1月15日—17日，中共中央在遵义举行了政治局扩大会议，着重总结了第五次反"围剿"失败的经验教训，纠正了王明"左"倾冒险主义在军事上的错误，确立了以毛泽东为代表的中共中央的正确领导，制定了红军以后的战略方针，从而在最危险的关头挽救了红军和中国共产党。

　　遵义会议后，中央红军决定撤离遵义，在川黔滇边和贵州省内进行游击战争。在四渡赤水的过程中，中央红军灵活机智的创造有利于自身的战机，运动作战，对敌军进行单个击破，以较少的牺牲获得巨大的胜利，从而变被动为主动。随后出敌不意，主力南渡乌江，直逼贵阳，迅速向西挺进。1935年5月初，抢渡金沙江，摆脱了几十万国民党军的围追堵截，取得了战略转移中具有决定性意义的胜利。由于执行了正确的民族政策，红军顺利通过大凉山彝族区。接着强渡大渡河，飞夺泸定桥，翻越终年积雪的夹金山。1935年6月中旬，与红四方面军在懋功会师。

< 纪念红军长征胜利
70周年邮票

　　红一、四方面军会师后，红军以北上建立川陕甘根据地为战略方针，中共中央决定将两个方面军混合编为左、右两路军过草地北上。中共中央随右路军跨过草地，抵达班佑、巴西地区。1935年8月底，右路军一部在包座全歼国民党军第49师约五千余人，打开了向甘南前进的门户。9月，张国焘率左路军到达阿坝地区后，拒绝执行中共中央的北上方针，

< 红军长征时期使
用过的木船

我爱陕西

50

吴起镇革命旧址

　　吴起镇革命旧址位于延安市吴起县城内。1935年10月19日，中共中央率领中央红军经过二万五千里长征到达陕西吴起镇，进入西北苏区，22日中央政治局在吴起镇召开扩大会议，作出了"以陕北苏区领导全国革命"的战略决策。随后，同西北红军及先期到达陕北的红25军在甘泉县象鼻子湾村会师。1935年11月下旬，取得了直罗镇战役的胜利，给"党中央把全国革命大本营放在西北的任务，举行了一个奠基礼"。吴起镇革命旧址包括毛泽东旧居和张闻天旧居等。旧居位于吴旗镇砚洼山麓，分为南北两院。南院为毛泽东旧居，5孔土窑洞列成一排。北院为一排9孔接石口土窑洞相连。为纪念吴起镇"切尾巴"战斗的胜利，平台山改称胜利山。山之东麓建有革命烈士陵园和烈士纪念塔各1座。建国后，1966年和1985年人民政府对旧址进行大规模维修。1992年4月20日，陕西省人民政府公布为第三批省级重点文物保护单位。

∧ 22日中央政治局就是在这座窑洞召开扩大会议，作出了"以陕北苏区领导全国革命"的战略决策

并要挟中共中央和右路军南下。毛泽东等于 9 月 10 日急率第一、第三军继续北上，夺取腊子口，突破国民党军渭河封锁线，翻越六盘山，于 10 月 19 日到达陕北吴起镇（今吴起县城），先期结束了长征。1935 年 11 月 21 日—24 日取得了直罗镇战役的胜利，为党中央和红军扎根陕北奠定了基础。

中国工农红军长征的胜利，是人类历史上的奇迹。在整整两年中，红军长征转战十四个省，历经曲折，战胜了重重困难，保存和锻炼了革命力量，将中国革命的大本营转移到了西北，为开展抗日战争和发展中国革命事业创造了条件。

第八节　西安事变

1936 年 12 月，国民党爱国将领张学良和杨虎城将军率部发动的西安事变及其和平解决是我国历史上的一件大事。它对于促成以国共两党合作为基础的抗日民族统一战线 起了重要的作用。

当时在西北地区，以西安为中心的国民党军队的主要力量有张学良率领的东北军和杨虎城率领的第十七路军，这两支军队均非蒋介石嫡系，屡受排挤，对此，他们极为不满，尤其是东北军，过去盲目执行蒋介石的不抵抗政策，弃守东北，遭到国人唾弃，后又被命“剿共”蒙受重大损失，全军上下深感“剿共”没有出路，强烈要求抗口，收复东北国土。在瓦窑堡会议之后，中国共产党通过种种渠道，大力开展对这两支军队的工作，坚定了张、杨联共抗日的决心，从而使党的抗日民族统一战线政策首先在西北地区取得胜利。

我爱陕西

张学良（左）与杨虎城 >

张学良自从在西北地区实行联共抗日之后，曾多次劝谏蒋介石停止内战，一致对外，都被拒绝。蒋介石调集嫡系军队约30个师准备从河南开入陕甘参加"剿共"。之后，蒋又于1936年12月初到西安逼迫张学良、杨虎城把军队全部开赴陕北"剿共"前线。12月12日凌晨，东北军和第十七路军协同行动，扣留了蒋介石，并囚禁了陈诚、卫立煌等国民党军政大员，随即通电全国，提出改组南京政府、停止一切内战等八项抗日主张。

西安事变发生后，在国内外引起了强烈的反响。在如何对待事变的问题上，南京当权势力中出现了两种对立的主张。以军政部长何应钦为代表的亲日派竭力策动"讨伐"，轰炸西安，企图取代蒋介石的统治地位；而亲英美派的蒋介石亲属宋美龄、孔祥熙、宋子文等则不顾何应钦的反对，为和平解决西安事变，营救蒋介石而积极努力。

中共中央在对国际国内的政治形势进行正确分析之后，确定了和平解决西安事变的基本方针，主张用和平方式解决西安事变引起的问题，反对新的内战；同时中共中央还主张用一切方式联合南京的左派，争取中派，反对亲日派，以推动南京政府走向抗日。

南京方面在弄清张学良、杨虎城和共产党并不想加害蒋介石，而希望和平解决此次事变的态度后，于22日派宋子文、宋美龄到西安谈判。周恩来作为中共中央全权代表也参加了谈判。他遵照中央的有关指示，在与张学良、杨虎城共同商讨并进行同南京方面的谈判中，作了大量卓有成效的工作。经过两天的商谈，宋美龄等人作出"停止剿共"、"三个月后抗日发动"等项承诺。12月24日晚，周恩来会见蒋介石，当面向蒋介石说明中国共产党抗日救国的政策。蒋介石表示同意谈判议定的六项条件，允诺"只要我存在一日，中国决不再发生反共内战"。

　　25日下午，张学良决定释放蒋介石，并亲自陪同蒋介石乘飞机离开西安回南京。一到南京，蒋介石立刻扣留张学良。消息传出后，西安出现动荡不安的局势，东北军中坚决主张联共抗日的王以哲军长被东北军中一部分过激分子杀害，内战危险重新出现。周恩来在极端艰难的情况下，坚定而细致地进行工作，巩固了红军和东北军、十七路军的团结，基本上保持了和平解决西安事变的伟大成果。

　　西安事变的和平解决是各种社会政治因素合力作用的结果。西安事变和平解决之后，内战在事实上大体停止下来了，国共关系得到迅速发展，

<　西安事变纪念馆

我爱陕西

从而开始了国内和平的新时期；西安事变的和平解决对国共两党的再次合作，团结抗日起了重大的推动作用，为抗日民族统一战线的建立准备了必要的前提，成为由国内战争走向抗日民族战争的转折点，成为时局转换的枢纽。

第九节　革命圣地延安

革命选择了陕西，陕西孕育了革命，哺育了伟大的陕西精神。近现代的陕西是中国革命的摇篮。1935 年 10 月 19 日，红军长征到达陕北吴起镇，

延安革命纪念馆 >

从此，中共中央在陕北战斗、生活了13个春秋。陕西成为中国革命圣地，中国共产党在这里领导了全国的抗日战争和解放战争。现在，战争已经成为历史，但战争时期的遗址依然向我们诉说着当年的辉煌。

建于1950年1月的延安革命纪念馆，现位于宝塔区西北延河东岸，是中华人民共和国成立后最早建立的革命纪念馆之一。1954年由南关交际处迁往杨家岭原中共中央机关旧址，定名为"延安博物馆"。1955年迁至城内凤凰山麓革命旧址院内，改名为"延安革命纪念馆"。1973年6月迁往王家坪现址。其建筑面积近3万平方米，陈列展出面积1.43万平方米，展出文物2500余件，历史照片1400余张。还有模型、油画、雕塑及场景再现等辅助展品，并利用现代先进的声光电技术向人们展示中国革命史和陕甘宁边区革命史。

枣园，又称为延园，位于延安市城南8公里处，是中共中央书记处1943年10月至1947年3月所在地。枣园原来是一家地主的庄园，中共中央进驻延安后，改名为"延园"，现在旧址大门的石柱两边还有康生所写

<宝塔山

的"延园"二字。枣园院内树木葱郁，绿草如茵。园林中央坐落着中央书记处礼堂，依山分布着5座独立的院落，分别是毛泽东、朱德、周恩来、刘少奇、任弼时、张闻天、彭德怀等中央领导的旧居。后沟西山下是毛泽东发表《为人民服务》的讲话台和中央社会部旧址。往西3公里处是中央军委三局旧址、展览馆及中央军委三局烈士陵园。1953年，枣园革命旧址开始修复，1959年正式对外开放。1961年3月4日，国务院公布为第一批全国重点文物保护单位。1996年被中宣部命名为全国百个爱国主义教育示范基地之一。1996年，第五届全国大学生运动会"世纪之火"火炬传递活动采集"革命之火"火种的仪式在枣园隆重举行。枣园已成为全国革命传统教育的重要基地之一。

宝塔山，古称丰林山，宋代时改名为嘉岭山，位于延安城东南方，是革命圣地延安的标志和象征，海拔1135.5米，为周围群山之冠。山上宝塔始建于唐，高44米，共9层，为楼阁式砖塔，登上塔顶，全城风貌可尽收眼底。宝塔山上历史文物和现代革命文物星罗棋布，满山绿树成荫，花草争奇斗艳。山上有宋代摩崖石刻，其中范仲淹题刻的"嘉岭山"隶书最为著名，还有"胸中自有数万甲兵"等题刻。此外，还有范公井、烽火台、日本工农学校、嘉岭书院、摘星楼、古城墙、古今名人诗词碑、明代铁制

瓦窑堡革命旧址 >

洪钟、纪念林等景点景观。宝塔山融自然景观与人文景观于一体，是历史文物与革命遗址合二为一的著名风景名胜区。

瓦窑堡革命旧址位于延安市子长县瓦窑堡镇，它在 1935 年 11 月 7 日—1936 年 6 月 21 日是中共中央驻地。旧址包括中共中央政治局瓦窑堡会议会址，西北军委（中央军委）旧址，中国工农红军大学校址，毛泽东、周恩来、张闻天、刘少奇旧居等。会址窑洞不大，放着两张八仙桌和 6 个木条凳，小炕上还放着一张小炕桌。西北革命军事委员会旧址位于城内下河滩一处小院。院内有砖窑 12 孔。上院有砖窑 6 孔，5 孔坐东面西，周恩来曾住在南起第四和第五孔窑内，另外 1 孔坐北面南的大窑为军委会议室；下院也有 6 孔窑洞，均坐东面西。中国抗日红军大学旧址位于城内北侧的米粮山上。

第四章

黄土高原的民俗风情

　　在陕北，无论是站在崇山峻岭之巅，还是走在弯弯曲曲的山道里，或者行进在一马平川的大路上，到处都可以听到顺风飘来的悠扬歌声，这就是陕北民歌。陕北民歌土得掉渣、大得雄奇、美得撩人。这种既通俗又亮丽的特色足以使其站在歌坛圣殿之上，用小调小曲宣泄黄钟大吕之势。

∧ 社火马勺脸谱

第一节　陕西十大怪

陕西十大怪，多被称为关中十大怪，指关中地区（大致包括西安、咸阳、渭南、宝鸡、铜川等城市）由于气候、经济、文化等多方面原因的影响，在衣、食、住、行等方面形成的十种独特的风俗习惯。

第一怪：面条像裤带

陕西自古以来就是小麦的高产区，因此，当地人主要以面条和馒头为主食。遍遍（读 biang—biang，现代汉语字典里没有这个字）面在陕西的面条中独具特色。正宗的遍遍面，一根面条的宽度可达二三寸，长度则在 1 米左右，厚度厚时与硬币差不多，薄时如同蝉翼。做一根面条通常要用 2 两面粉，因此，对于饭量小的人来说，一根面条就是一顿饭，对于饭量大的人，有个四五根也就足够了。关中人吃面，喜欢将面和硬揉软、擀厚、切宽。这种面条煮熟以后，捞在碗里，无论是浇臊子，还是泼辣子，吃起来都光滑、柔软、有筋性，既可口又耐饥，人们脖子一伸一缩，呼噜噜吞进肚里，吃饱吃胀，饱嗝一打，五六个小时不吃不喝也不觉得饿。

第二怪：锅盔像锅盖

锅盔可谓是历史悠久。传说在先秦，秦军统一六国，四处征战之际，由于军中士兵携带的干粮容易发霉变质，于是，军中的伙夫就发明了今天的锅盔。锅盔的大是一般人所无法想象的。锅盔整体呈圆形，直径尺许，厚 1 寸，重 5 斤。制作时用麦面精粉和面，浅锅慢火烘烤。做好的锅盔外表斑黄，切口砂白，酥香适口，能久放，便于携带。在陕西关中地区，烙

∧ 面条像裤带

∧ 锅盔像锅盖

制锅盔用的锅不是一般做饭用的小锅，而是用来做十几人饭菜的大锅。这样的锅直径约在七八十厘米，锅上面用的锅盖也是隆起的，所以说烙好的锅盔就像锅盖一样大小，一般模样。

第三怪：辣子是主菜

说起中国能吃辣的地区，大家首先想到的恐怕就是四川和湖南。然而，陕西关中地区吃辣的水准也是数一数二的。关中地区的农村，辣椒收获以后，人们用针线把它们一个个串起来，挂在干燥、通风的屋檐下。秋后在农村，家家户户的屋檐下，都悬挂着一串串红彤彤的辣椒。谁家屋檐下挂的辣椒越多，就证明这家人的日子必定红火、富裕。如果平时家里来了客人，主家没有好酒好肉招待，这是可以理解的。但是，要是在吃饭的时候没有辣椒，那客人必然会认为这家人没有礼貌，定会引起客人的不满和讥讽。

我爱陕西

第三怪　辣子是主菜

虽说湖川能吃辣
老陕吃辣让人怕
辣面拌盐热油泼
调面夹馍把饭下

第四怪　碗盆难分开

老陕饭碗特别大
面条菜肴全盛下
一碗能把肚填饱
老碗会上把话拉

∧辣子是主菜　　　　　　　　∧碗盆难分开

第四怪：碗盆难分开

在关中地区，吃饭的碗不叫饭碗，而叫老碗。这个"老"字并不是说历史久远，而是碗里面的"老大"的意思。老碗产于耀县，属于青花粗瓷。猛地一看，老碗粗糙，且没有美感。但是，了解了关中的习俗，就会发现，貌不惊人的老碗，骨子里却透着关中人朴实和憨厚的秉性。关中地区正宗的老碗，碗深且圆，它的容量最少有我们一般吃饭用的小碗的七八倍。关中人吃饭无论是青壮年、老人、孩子还是妇女，一律都用老碗。用老碗吃饭绝对省事，盛一次就够吃了，绝对不用再盛第二次。

第五怪：手帕头上戴

走在关中地区的乡间小路上，经常会看见头上戴着手帕、手里拄着拐杖的老太太，迈着小碎步慢悠悠地踱步。关中地区的老太太与其他地区的老太太最主要的区别就在于她们头顶上的手帕。说起老太太头顶手帕的历史，那是相当悠久了。由于关中地区处于西北内陆，日照强烈，干旱少雨，而且风沙天气较多。因此，一方面为了防止日光直射对皮肤的伤害，另一方面为了阻止尘土进到头发里，保持发型不乱，这小小的手帕就起了决定性的作用。如果恰巧在外劳作，但又没有带着毛巾，那就可以用手帕擦汗抹灰。关中地区老太太头顶上的手帕可谓具备了实用和美观的双重功能。

第六怪：房子半边盖

在关中地区，有一个奇怪的景象，就是人们住的房子都是只盖了半边。这种独具特色的半边盖的房子与当地的自然环境和风土人情是密不可分的。由于关中地区地处西北内陆，属于典型的大陆性干燥气候，因此关中一带天气干旱、降雨量少、风沙大，再加上当地缺少建房用的材料。所以，当地人就开动脑筋，就地取材，发明了半边盖的房子。建造这样的房子时，材料用的就是当地的黄土，把黄土和成泥，做成高40厘米、长50厘米、

∧ 手帕头上戴

∧ 房子半边盖

厚10厘米的泥胚，凉干以后用来砌墙。这种黄土砌的泥胚就相当于建房时用的砖瓦，这样的房子不仅节省了大量的木材和砖瓦，而且还省下了大量的人工。但是，省工省材的半边房子绝不意味着粗制滥造。每一幢房子都是主人多年的心血和汗水换来的，同时，这也是为子孙后代提供的庇护所。

第七怪：姑娘不对外

关中地区自古人杰地灵，土地广袤肥沃。生活在这片土地上的人们衣食无忧，因此，长久以来形成了封闭的意识。关中地区对于自家姑娘的保守意识，那是出了名的。自古就有关中地区姑娘不对外的传统。关中人绝对不让外人占半点便宜，因此从严格意义上说，关中人自家的姑娘只限于在关中地区内部交流，而很少和外地人通婚。于是，结婚就是父母之命，媒妁之言。一般都是靠七大姑、八大姨的亲戚关系，四处打听，然后选择一个比较满意的人家将闺女嫁过去。这样做也是为了知根知底，姑娘可以过上幸福的生活。

∧ 姑娘不对外

∧ 不坐蹲起来

第八怪：不坐蹲起来

关中地区的人喜欢蹲在凳子上吃饭、抽烟、聊天，这在别人看来是很遭罪的事情，但是在关中人看来却是享受。闲暇的时候，关中地区上年纪的老人喜欢光脚穿着布鞋，嘴里叼着一根哈烟袋，手里拿着收音机，蹲在凳子上，一边喝茶，一边抽烟。在这样的氛围中，他们感觉到的是无拘无束的自在和畅快。所以说，随兴而为的关中人，喜欢自由自在地蹲着做一个快乐无忧的下里巴人，而不喜欢正襟危坐地享受阳春白雪的高雅生活。

第九怪：睡觉枕砖块

我们平常睡觉的时候都是枕比较软和的枕头，关中地区的人却不喜欢这种在我们看来非常舒服的枕头，他们喜欢枕木制的枕头和石制的枕头。在关中地区，每年到了三伏天，当地人在晚上睡觉的时候，就直接拿砖头

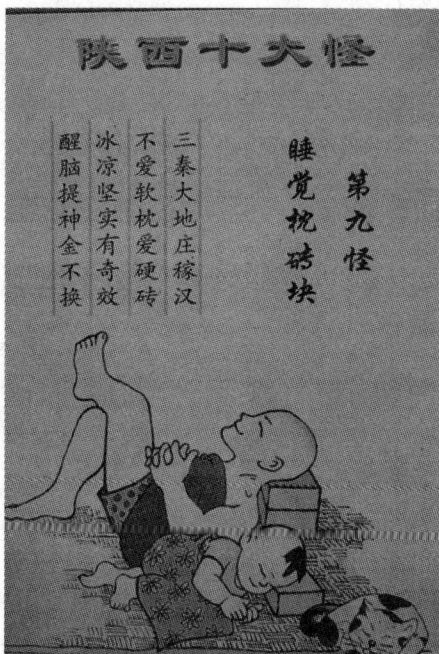

∧ 睡觉枕砖块

∧ 唱戏吼起来

或石块当作枕头，枕在上面，顿时酷热消去一半，整个身体也觉得极其舒坦。因此，关中人亲切地把它叫作"金不换"，用金子也换不来的宝贝，可见关中人对头下枕的这个石块和木块的依恋和喜爱之情。

第十怪：唱戏吼起来

关中十大怪中，最为古怪的要数秦腔。关中地区的秦腔表演，用"唱"字来形容根本就不能体现秦腔真正的魅力，所以大家都用"吼"来形容秦腔，也就有了"秦腔不唱吼起来"一说。秦腔产生于陕甘民间地区，形象地展现了当地人刚毅正直、慷慨激昂的性格和敦厚质朴、勤劳勇敢的民风。在关中农村地区，每到过年过节的时候，听上一场秦腔，对当地的人来说就是最大的享受了。如果哪家老人过大寿时，儿孙们请上一个秦腔表演团，给老人唱上那么一出，那对老人来说可是天大的荣耀了。

秦腔在关中地区也叫作"乱弹"，秦腔的唱腔音色高亢激昂，要求用真嗓音演唱。秦腔的道白、板路、脸谱、身段、角色门类等也是自成体系。秦腔演出最好在露天场所进行，这样才能体会到秦腔的韵味和精髓。在那片方圆天地，台下一声声地叫好，就更激起了台上演员的表演欲望。当演员的水平得到观众的一致认可时，观众就会自发地在台下鸣鞭放炮，给演员批上红绸缎，在这样热烈的气氛中，掀起一个又一个高潮。

秦腔可以分为东西两路，西路传入四川成为梆子；东路在山西为晋剧，在河南为豫剧，在河北为梆子，所以说秦腔可以算是京剧、豫剧、晋剧、河北梆子这些剧目的鼻祖。秦腔表演的剧目多取材于"列国"、"三国"、"杨家将"、"说岳"等说部中的英雄传奇或悲剧故事，也有一部分神话、民间故事和各种公案戏。秦腔的表演剧目超过1万本，剧目之丰富，居我国三百多剧种之首，但因年代久远，佚散颇多，据现在统计，仅存约4700多个，而且，这些剧目目前正以惊人的速度继续流失。

随着时代的飞速发展，而今的"十大怪"有的早已消失，而流传下来的也在逐渐减少。但这仍是陕西关中地区的传统风俗，承载着关中地区的历史文化。

　　　　　　　　　　　　　　　　　　　黄土高原的民俗风情

第二节　地方戏曲与曲艺

一、汉调桄桄

汉调桄桄，俗称"桄桄子"，流行于陕西南部的汉中、安康一带。因为唱腔、道白吐字归韵以汉中方言音调为基础，且用梆子击打节奏发出"桄、桄"之声，故名"汉调桄桄"、"桄桄戏"。又因其主要板式名称、旋律结构、主奏乐器等和秦腔有许多相同之处，所以也称"南路秦腔"、"汉调秦腔"。民间有"吃面要吃梆梆子，看戏要看桄桄子"的谚语。

汉调桄桄的唱腔既有秦腔的高亢激越之美，又有陕南地方音乐优雅柔和之美。汉调桄桄的旦角唱腔高昂，讲究唱"硬三眼调"；花脸擅长用"犟音"，声高八度，多用假声来演唱，尾音拖得比较长，人称"老少配"。唱腔的板路有"软"、"硬"、"快"、"慢"之分。"软"是用来表现悲凉情绪的凄苦之音，"硬"是用来表现欣悦情绪的欢愉之音，"快"是快板，"慢"是慢板。汉调桄桄的伴奏有文场和武场的区别，文场的主要演奏乐器是板胡，另外还有京胡、海笛、三弦等与之配合；武场主要使用尖鼓、平鼓、钩锣、铙钹、梆子、牙子、木鱼等打击乐器。依据地域环境与风土人情的不同，汉调桄桄分为东西两路，南郑、勉县、略阳、宁强、汉台等地的汉调桄桄称为"西路桄桄"或"府坝桄桄"；洋县、城固、西乡、佛坪等地的汉调桄桄称为"东路桄桄"或"下路桄桄"。东路唱腔、念白、吐字发音略带关中口音，西路则略带巴蜀口音。

　　表演汉调桄桄，一方面造型要逼真，另一方面要突出人物的性格。表演汉调桄桄时，有许多独特的技巧，例如"箍桶"、"撒莲花"、"耍椅子"、"棍架子"、"吊毛盖"、"变脸"、"换衣"、"揣火"等等；另外还有一些刀枪、棍棒、拳脚、腾翻类的特技身段。汉调桄桄表演用的服装比较简单，民国以前，生角和净角都不穿靴子，而是穿草鞋演出，因此民间有"草鞋班"之称。汉调桄桄的表演在化妆上也不大讲究，例如旦角只要在脸上擦粉，头上插花，就可以出场演出。

　　汉调桄桄的剧目十分丰富，传统剧目有700多个，其中本戏560多本，折子戏170多出。较为有名的剧目有《刘高磨刀》、《镔铁剑》、《夕阳山》、《水灌晋阳》、《红缨披》等，汉调桄桄独有的剧目有《帝王珠》、《无影剑》、《呢喃阁》、《草坡面理》等。

　　汉调桄桄，曾经长时间盛行于关中地区，尤其是清末民初，出现过班社林立、艺人济济的盛况，也产生了一批优秀的戏曲作家。近些年来，由

汉调桄桄表演 >

黄土高原的民俗风情

<汉调桄桄特技表演

于汉调桄桄的观众日益减少，班社、剧团纷纷解体，艺人流散，传统剧目、曲牌、表演技艺已经或即将失传。目前仅有南郑县一个剧团还在维持演出，但也面临着经费困难、人才青黄不接的窘境。

二、镇巴民歌

镇巴地处巴山腹地，文化积淀深厚，民风古朴，自古以来就有许多自娱自乐的民间艺术活动，其中最为兴盛的当属民歌。镇巴民歌题材非常丰富，歌曲种类众多，有号子（劳动号子、山歌号子）、山歌调子、通山歌（又称茅山歌、姐儿歌等）、小调、风俗歌曲（嫁歌、孝歌等）、祭事性歌曲、

镇巴民歌迎客来 >

曲艺（渔鼓、花鼓、青水曲子）等。镇巴民歌一开唱，人们就会沉浸在那种热闹、详和的气氛中。

三、陕北民歌

在陕北，无论是站在崇山峻岭之巅，还是走在弯弯曲曲的山道里，或者行进在一马平川的大路上，到处都可以听到顺风飘来的悠扬歌声，这就是陕北民歌。陕北民歌土得掉渣、大得雄奇、美得撩人。这种既通俗又亮丽的特色足以使其站在歌坛圣殿之上，用小调小曲宣泄黄钟大吕之势。

陕北民歌种类繁多，其中有四季歌、五更调、揽工调、酒歌、秧歌、劳动号子、歌舞曲、榆林小曲、陕北套曲、二人台、风俗歌、宗教歌曲、探家调等。陕北民歌中最具代表性的是小调和信天游。小调以叙事为主，一般有故事情节和人物描写。小调表演的曲目有《害娃娃》、《探瑜姐》、《送情郎》、《四保揽工》、《下柳林》等。信天游是表演者依据不同的情景即兴创作的曲目，通常使用质朴的语言和明快的节奏。一般为两句体结构，上下句押韵。以七字句或十字句为基础，上句主要描绘景物，下句主要突显意境，虚实结合，曲调悠扬，粗犷奔放，节奏鲜明，抒情色彩浓厚，充分体现了陕北人豪放的性格。

陕北民歌以丰富的社会生活为内容。现在所流行的陕北民歌，大部分产生于19世纪末至20世纪40年代，其中既有反映社会变革的内容，也有反映陕北人民对封建统治阶级的压迫、剥削的反抗的内容。但是，在8000余首陕北民歌中，这类作品只占了很少一部分。大多数的作品还是反映日常生活中平淡的人、平常的事。例如新媳妇思念娘家，大姑娘期盼出嫁，小女孩算卦，吹鼓手迎亲，出门在外的人思念家乡，年轻人谈情说爱，夫妻吵嘴逗趣等。在陕北，无论是逢年过节，还是婚丧嫁娶，都少不了民歌。在陕北，唱民歌就像是陕北人与生俱来的能力，以至于丑闻千里，以歌传之；奇人怪事，以歌颂之。

< 信天游

我爱陕西

知识小百科

《山丹丹开花红艳艳》

《山丹丹开花红艳艳》是陕北民歌，改编于1972年。此歌由陕北民歌《信天游》和陇东民歌《揽工调》改编而成。两首民歌交替演唱，前者悠扬高亢，后者激情奔放，全曲有变化对比，又相互融合，浑然一体。作品以开阔高亢、清新明丽的音调，赞美了陕北地区的风土人情。

《山丹丹开花红艳艳》是一幅历史画卷，它生动地描绘了一段重要的革命历史史实——中央红军到达陕北。从此之后，中国革命的重心从南方转移到了西北。西北成了中国革命的大本营；延安成了中国革命的圣地。全国人民在中国共产党领导下，从胜利走向胜利，直至建立新中国。共和国五十年大庆时，中央电视台，曾把这首歌列入"百年经典"音乐作品播出。

四、榆林小曲

榆林小曲，主要流行于陕北榆林地区。榆林小曲相传是由明代驻扎在榆林一带的军官蓄养的歌伎从江南带来，后来经过长期的发展和演变，形成了用当地方言演唱并吸收了当地民歌小调的曲艺品种。因而，榆林小曲既有北方的粗犷和豪放，又有江南水乡的柔美和甜蜜，开创了"南腔北调"合二为一的独特艺术。清末民初，榆林小曲有了一定的发展，尤其是在小手工业者之间，学唱小曲的风气颇为盛行。清光绪年间，文人王吉士不仅采集了大量小曲，对其进行了加工和润饰，还新发展了《十杯酒》、《进兰房》、《小叮嘴》、《供月光》等20余首曲目。

黄土高原的民俗风情

< 榆林小曲

　　榆林小曲的表演形式为一人或二人主唱，多人分别持扬琴、古筝、琵琶、三弦、京胡、碟子等伴奏，并分不同行当兼唱。榆林小曲的唱腔十分丰富，唱腔体裁为曲牌体，或单曲反复，或联曲串唱。伴奏乐器曲目多演绎男欢女爱和儿女情长的内容，尤其擅长表现由此产生的离愁别怨。榆林小曲传统的节目有短有长，代表曲目有《日落黄昏》、《放风筝》、《梁山伯与祝英台》、《张生戏莺莺》等。

　　榆林小曲形成至今，演唱只在城区内进行，从不涉足城外。榆林小曲的演唱自古以来都是以自我娱乐为目的，表演时没有固定的演出场合，在室内或者院子里都可以。榆林小曲的表演没有职业的班子，也没有人以此为业，都是茶余饭后，艺人们相互邀约，一起去参加表演。城内年纪稍长的居民，大都能唱上一两段以自娱。长期以来，榆林小曲和当地人的生活产生了密切的联系。逢年过节，婚丧嫁娶，生辰寿诞，喜庆节日，当地群众都要邀请会唱小曲的艺人到家里演唱，以增添喜庆的气氛。

　　历史上的榆林小曲主要是由爱好者以自娱自乐的方式演唱，后来出现了作为乞讨手段的走街串巷演唱、堂会演唱及高台性的经营性演出。在当地人的文化生活中，榆林小曲扮演过重要的角色。但是，时至今日，这种艺术形式的发展遇到了传承瓶颈，面临失传的危险。

五、陕西皮影戏

皮影戏发源于我国西汉时期的陕西，距今已有两千多年的历史，是世界上最早由人配音的活动影画艺术，有人认为皮影戏是现代"电影始祖"。相传皮影起源于汉代，兴盛于隋、唐、宋，13世纪传入西方。宋代的皮影戏已经发展得相当完善，可以表演完整、生动的三国故事。一些记载宋人生活的著作，如《东京梦华录》、《梦粱录》、《武林旧事》等，都描述了宋代皮影戏的盛况。从清人入关至清末民初，中国皮影艺术发展到了鼎盛时期，无论从影人造型制作、影戏演技唱腔和流行地域上讲，都达到了历史的巅峰。

皮影戏是用灯光照射在兽皮或纸版雕刻成的人物剪影上以表演故事的戏剧。剧目、唱腔多同地方戏曲相互影响，由艺人一边操纵一边演唱，并配以音乐。有研究认为，中国所有的戏曲种类均起源于陕西秦腔，而

陕西皮影戏 >

黄土高原的民俗风情

<陕西皮影戏表演

秦腔最初起源于皮影戏，因此，可以说皮影戏是中国一切戏曲艺术的总源头。

陕西皮影分为东路皮影和西路皮影，东路皮影以华县皮影为代表。华县皮影制作刀工精细、线条明畅、颜色艳丽，雕刻的帝王宫殿、佳人绣阁、才子书房、军营帅帐、桌椅门窗、花木怪石，形象逼真；文臣武将、才子佳人、工农兵商、男女老少，惟妙惟肖。华县皮影近些年来已经进入国际市场，远销美、德、日、法等国家，深受外国友人的喜爱。

皮影艺术在华县沿袭不衰，与其特殊的地理环境密不可分。在山区和塬区，表演戏曲的戏班子不易出演，皮影戏正好弥补了这一缺点。皮影戏表演队基本上由5个人组成，所用的表演工具相对较少，车推筐背即可全部携带。皮影戏对表演场地的要求不高，在路边或院子里都可以搭台演戏。陕西地区举办庙会、结婚、过寿、婴儿满月一般都要请皮影表演班子演出若干场，以活跃气氛。文化大革命期间，皮影艺术遭到了严重的破坏，许多地区的皮影表演已经绝迹，目前留下来的仅有华县的表演班子。

第三节　民间艺术

一、城固架花

架花，又称为挑花，是中国民间刺绣工艺中的一种。城固架花历史悠久，细算来至少有两千年以上的历史。

城固架花大多是在白色的布上挑绣蓝花，色彩鲜明、沉着，饱和而协调，注重黑白对比效果。城固架花的构图形式常见的有团花、折枝花、盆花、

城固架花刺绣 >

花蝶等传统图案，以果卉为主。还有角花、边花、几何形四方连续性编织等。城固架花的造型最具典型性的组合图案是"五果花"，五种果即石榴、金爪、佛手、柿子、桃；五种花即莲花、牡丹、菊花、桂花、柿花（蒂）。一般以果为主，花为辅，形成果中有花，花中有果的画面。城固架花传统代表作品有《大舜耕田图》、《状元游街》、《四姑娘打牌》、《鹿鹤鸣春》、《桃柳渡江春》、《狮子滚绣球》、《迎亲图》、《鲤鱼跳龙门》等。

城固架花对研究农耕社会的生产发展、民俗风情有很高的价值，它作为精神财富，有着重新认识和开发的无限可能。

二、剪纸艺术

剪纸最早起源于南北朝时期，多取材自喜庆节令、五谷丰收、民间戏曲故事、儿童、动物等，既富有情趣又装饰美观，深受大家喜爱。陕西剪纸是丰富多采的民间艺术品中的奇葩。

< 福

十二生肖 >

　　陕西从南到北，到处都可以见到红红绿绿的剪纸。那古拙的造型，粗犷的风格，有趣的寓意，多样的形式，精湛的技艺，让人爱不释手。剪纸艺术家采用阴剪和阳剪的手法，巧妙运用黑白和线条，不管是对人物内心的抽象写真，还是对花鸟鱼虫的自然写实，每一件作品都剪出了粗犷而精巧、简约而不单调、质朴而灵秀、生动而传神的艺术效果。

　　陕西以单色剪纸为主，造型简洁古朴、形象夸张。内容上多以动物花草为主。陕西人逢年过节、生寿嫁娶、乔迁新喜，都要把房子装饰一新，贴上窗花，营造喜庆的气氛。剪纸是妇女们创造的文化，在陕北曾有"找媳妇，要巧的"的习俗，给娃找媳妇，"不问人瞎好，先看手儿巧"，手儿巧就是看剪纸绣花。陕西还有"一看窗子二看帘"的说法，看窗子，是看剪的窗花，看门帘是看绣花的本事。人们普遍认为，剪花好的女子肯定聪明，以后生下的娃娃自然也是聪明的。而今陕北农村，会剪花的人仍受到全村人的敬重。每到腊月天，婆姨女子们在一起相互学着剪花，有好样子出来，争相替样。正月妇女们相互串门看谁的窗花好看，看谁的手最巧。

三、凤翔泥塑

地处陕西关中西部的凤翔县，古时称雍州，是春秋战国时期先秦王朝的发祥地，也是汉唐时期古丝绸之路的必经之地，有着丰厚的历史文化积淀。

凤翔彩绘泥塑是凤翔县的一种民间美术，当地人称"泥货"。凤翔彩绘泥塑有三大类型，第一类是泥玩具，主要以动物造型为主；第二类是挂片，主要有脸谱、虎头、牛头、狮子头、麒麟送子、八仙过海等；第三类是立人，主要塑造民间传说及历史故事中的人物形象。凤翔泥塑使用黑粘土、大白粉、皮胶等材料可以塑造出170多个花色品种，其中大的有半人高的巨型蹲虎、虎挂脸，小的有小到方寸的小兔、小狮，形象稚拙可爱，色彩艳丽喜庆，在全国众多的民间泥塑中首屈一指。

自古以来，虎都是凤翔泥塑主要的塑造对象。凤翔人认为虎是镇宅、护子、增寿、辟邪的吉祥物。按照民间的说法，前门贴门神，后门悬挂虎，都是为了驱魔辟邪。凤翔泥塑虎分挂虎、坐虎等类型。

凤翔挂虎的虎头额头和眼睛突出，色彩鲜艳，双眉为两条相对的鱼，鼻子为人祖。虎头上的"王"字被牡丹花取代，虎面的其他纹饰也多以五谷或大自然中的花草、果实等巧妙组合。虎耳朵上点缀着颤头的蝴蝶或小孩，淋漓尽致地反映出自然界生生不息、开花结果的永恒规律。虎头上还绘有宝葫芦。《诗经》有"瓜瓞绵绵"之说，宝葫芦象征子孙昌盛，希冀生命绵延不绝、子孙永享五谷丰登的岁月。所以在凤翔，挂虎被视为生命保护神和繁衍生育之神。

坐虎的姿态是前腿站立着、后腿蹲坐着、头转向侧面，形体简约概括，面部五官紧凑，夸大双耳和嘴巴，显得威武雄壮。人祖鼻子和太阳形的眼睛，

凤翔泥塑 >

显示出虎的阳刚之气。面部的纹饰与躯体的莲花、牡丹等纹饰呼应协调，再加上明艳的色彩，使坐虎夺人眼球。在陕西遇到小孩满月、百天、周岁，亲朋好友通常以坐虎为礼品，放在小孩的炕头上，以表达他们对小孩长命富贵的祝福。

泥塑虎的面部造型与现实中的老虎相差甚远，但是泥塑虎抓住了虎的神气，于勇猛中又透出娇媚，使虎显得更加和善可亲。

凤翔泥塑具有浓郁的乡土气息及较高的民俗文化、民间艺术和美学研究价值，深受专家瞩目。但在商业环境的影响下，现在的凤翔泥塑艺人往往以销定产，一味迎合市场需要，这使得许多传统产品近于灭绝，也使得凤翔泥塑技艺逐步失去原有的文化内涵，不断发生变异。

黄土高原的民俗风情

第四节　陕西社火

　　社火表演是陕西地区逢年过节必不可少的节目。在陕西，芯子、高跷、竹马、旱船、狮子、龙灯等社火表演节目往往会把节日的气氛推向高潮。这些节目通过扮演、造型、技巧、表演、导演等多个方面来塑造历史人物或者神话传说。美轮美奂的化装艺术的呈现，情景再现的舞蹈动作的表演，巧妙入微的艺术构思的展示，都呈现出社火艺术独特的艺术魅力。陕西社火的种类繁多，特色迥异。其中较为著名的有山社火、车社火、马社火、背社火、抬社火、高芯社火、高跷、地社火、血社火、黑社火等。陕西社火表演通常在举行正月祭社、灯节、庙会迎神、祈雨等重大活动时表演，而农历正月十五元宵灯节期间的社火表演最为隆重，声势也最为浩大。

　　在陕西的大部分地区，社火又可以分为"大耍"和"小耍"两种。"小耍"包括"柳木腿"和"平台子"；"大耍"除了包括"柳木腿"和"平台子"外，还包括"芯子"和"亭子"。"芯子"因造型生动、惊险离奇而著称于各种社火节目中，是社火表演中难度最高、最引人入胜的节目，受到当地民众的普遍欢迎。芯子表演时要将一根直径约三公分、高约两到三米的钢筋固定在一个专用的桌子上，然后，用彩纸在钢筋上做出诸如花草树木、烟雾云朵、飞禽走兽的造型；再根据所要表演的故事的内容，将4到7岁的男女儿童装扮成戏剧人物在钢筋棍的顶端，或是并排站立，或是错落叠置，或是横卧，或是倒立，以表现不同的人物特点。芯子表演少则一人，多则十余人同时站在钢筋的顶端，场面惊险离奇，十分惹人注目。在其他一些

马勺脸谱 >

地方，芯子也被称为高芯社火、高杆社火，它又可以分为平台芯子、杂技芯子、转芯子、挂芯子等多种类型。芯子表演的内容大多以戏剧人物为主：文臣武将，生旦净丑，英俊威武，妖媚秀丽，可谓是应有尽有。一台芯子就是一折戏，比如"关羽保皇嫂"，关羽左手握三尺美髯，右手平举青龙偃月刀，甘、糜二位夫人分别站立在大刀的两端。此外还有"嫦娥奔月"、"麒麟送子"、"白蛇盗草"、"千里送京娘"等，空间感和立体感都很强。有的芯子一面装有中轴，中轴固定在转盘之上，拨动转盘，人物就可以缓缓升空旋转。比如当地民众制作的芯子"宝莲灯"，二郎神杨戬的啸天犬在三圣母的宝莲灯下凌空旋转，不断地追逐转动，活灵活现。

洋县社火在陕西省社火表演活动中是节目种类最多，艺术水平最高，知名度最大的一个。洋县社火具体起源于什么时候已不得而知。据记载，明清时期洋县社火发展到一个高峰。新中国成立以后，洋县社火数十年屡

黄土高原的民俗风情

知识小百科

麒麟送子

　　传说中，麒麟为仁兽，是吉祥的象征，能为人带来子嗣。在孔子的故乡曲阜，有一条阙里街，孔子的故居就在这街上。父亲孔纥与母亲颜徵仅孔孟皮一个男孩，但患有足疾，不能担当祀事。夫妇俩觉得太遗憾，就一起在尼山祈祷，盼望再有个儿子。一天夜里，忽有一头麒麟踱进阙里。麒麟举止优雅，不慌不忙地从嘴里吐出一方帛，上面还写着文字："水精之子孙，衰周而素王，徵在贤明。"第二天，麒麟不见了，孔纥家传出一阵响亮的婴儿啼哭声。通行的《麒麟送子》图，实际上是民间麒麟送子风俗的写照，方式是由不育妇女扶着载有小孩的纸扎麒麟在庭院或堂屋里转一圈。也有的学阙里人样，系彩于麟角。还有据此传说绘成的《麒麟吐书》图，多用于文庙、学宫装饰，意思为祥瑞降临、圣贤诞生。

　　演不衰，成为陕西民俗文化活动的重要组成部分。洋县社火大体上可以分为三种类型，即抬社火、地社火和骡马社火。

　　抬社火又可以分为悬台、转芯和小芯三种。小芯就是平台社火，装饰非常简单，一般由三至四个人组成一抬，游走于乡镇之间，十分方便，也

<洋县社火

我爱陕西

最为普通。转芯装有铁制或木制的转轴，转轴固定在转盘之上，一边行走一边旋转，人物就可以缓缓地在空中旋转。悬台有中型和大型之分。组装时，把几名装扮成戏剧或历史故事中人物形象的小孩安置在悬台上。中型的悬台一般组装两到三层。大型的悬台一般要组装四到五层，由数十个人用长杠抬在肩上做行进表演。随着时代的发展，悬台社火已经被当地乡民改装在了人力车、拖拉机或汽车上，这样一方面节省了人力，行动也更加方便；然而，另一方面，从表演艺术的传统性和优美性上来说，原有的艺术魅力也部分地丢失了。洋县的悬台社火以智果、马畅两个地方最具代表性，两地的悬台都以"高、悬、奇、巧"著称。20世纪50年代，智果悬台《大破天门阵》曾经先后赴省城、京城组装表演。

地社火，又称为耍灯、跑竹马、哑巴戏。地社火表演风格质朴自然、粗犷豪放、激情热烈、热闹火爆，深受当地老百姓的喜爱。地社火表演中常见的角色有孙悟空、哪吒、傻子、书生、媒婆等。地社火表演还有一个与众不同的特点，就是对社火脸谱的使用。在地社火表演中常见红脸执刀的关羽、红脸执水火棍的赵匡胤、白脸执矛的周瑜、白脸执戟的吕布等角色。当地还有一个说法叫"十个角子百台戏"，意思就是同一个脸谱，随着服装、道具的不同，所扮演的角色就会相应的发生改变。地社火表演每场包括十多折戏目，每折二至三分钟。地社火表演的节目不是提前演练了的，而是在上场表演之前由社火表演队的"戏母子"（即社火表演队的导演，由社火会中有经验的年长者担任）临时安排所要表演的节目，具体的细节则需要表演者临场发挥。这对于戏母子和表演者来说都是一个极大的考验。

骡马社火，就是由会骑骡、马、牛的幼童扮演成戏剧或历史故事中的人物形象，骑在牲畜背上，随着锣鼓乐队，游乡串户的社火表演。一般而言，骡马社火都是一角一畜；当然个别地方也有两名角色共骑一畜的，这种形式相对来说表演难度较大，但是更富有情趣。过去，骡马社火表演中所用的骡、马、牛，都是由表演者自备。当时，在当地人看来，能争取到骡马社火中的角色是一件大吉大利的事，也是这家人的一种荣誉。以前，洋县

< 马社火

麿子桥、沙溪等地都有这个表演传统，但是，受各种历史和现代因素的影响，现在已经很难再见到了。

马勺脸谱

在陕西民间，春节至今仍有耍社火的习俗。马勺脸谱为陕西社火脸谱的一种，由中国民间社火脸谱演化而来。当地民众将神话故事中的人物形象彩绘于马勺之上

我爱陕西

而因此得名。马勺采用树材，制作简便，历代农家乡民必备。彩绘简繁皆宜，人们将其悬挂厅堂居室用于扶正祛邪、镇妖降怪，表达祈福纳祥、招财进宝的美好愿望，因而马勺脸深得人们喜爱和崇尚。经现代民间艺术工作者的继承和发展，马勺脸谱成为中国民间艺术中的珍品。

第五节　民间习俗

一、节庆习俗

陕西的节庆习俗大多与其他地区相同，但其中也有一些独具特色的庆祝习俗。

每年元宵节，商镇的人都要在大佛殿后方圆百亩的麦田里设坛，用木棍栽桩，竹竿扎墙，葛条织网，按照"坛图"扎坛，进行转坛。坛前正中，搭有尖形席棚，内供菩萨。转坛前由坛主主祭，祈求年内风调雨顺，国泰民安，随后率众转坛。转坛移动的顺序是坛主王斜村"压坛"在前，其他20个村的转坛队伍按照到达先后相随。先由中间正行向上，把九个拐角的商州城转完，再将外围上框道（四县）转完，最后由出口出坛。由于转的人、看的人太多，往往要通宵达旦才能转完。各村一般只转十四、十五两晚，而坛主王斜村十六日晚要单独再转一次，仪式规定这叫作"落坛"。转坛以村为单位，分为领头、灯队、鼓乐队和群众队伍四部分，由一位年高德重者手托头灯担任先导。转坛队伍，从远处望去，宛如蛟龙翻江戏水，蔚为壮观。

　　路灯会是竹林关、土门一带特有的活动。按照当地古俗，三月十八娘娘会两天，二十日财神会两天，二十一日关帝会，二十二日药王会，四会相连持续六天，不仅昼夜有戏，而且有路灯会游玩。路灯会由白龙社、青龙社、黑龙社、黄龙社、关王社、三官社、张村社、阎王社轮流承办。路

<路灯会

灯会规模之大，花灯之奇，方圆百里绝无仅有。路灯会素以"全架灯"闻名于世。所谓"全架灯"即各社参展花灯是48盏者称为"全架"（有的多达96盏）；只有24盏者，谓之"半架"。花灯除宫灯（圆、方、六棱）外，鸟、兽、鱼、虫、翎毛、花卉、车船、人物、蔬菜、瓜果应有尽有。全架灯白天供游人观赏，夜晚举灯游行。当地习俗，无子者常在落灯之夜"偷"灯，看管灯架的人假装追赶，故意让其"偷"走。"偷"灯者将灯挂床头，以乞得子。如果真的得子，便要制作二盏或多盏花灯送还，以表谢意。

在丹凤，每年农历八月十五晚上，月亮还没出来的时候，娃娃们便要出门去"摸秋"。娃娃们三五成群地溜到村外秋田里，通过与护田村童斗智斗勇以摸得田里的一样瓜菜。如果摸到的是葱，人们会说"这娃长大一定聪明"，就会奖赏月饼；如果摸到的是瓜，人们会说"这娃真是个实心北瓜"，则督促他学习；如果摸到的是辣子，就认为这娃以后准是个火辣脾气，遂教导他沉着；如果摸到的是葫芦，大人就会叫娃把"葫芦娃"悄悄送给村里才结婚或虽结婚数年尚未生娃的人家，主家准会高兴地把娃当"神"敬，端上核桃、栗子、大红枣，好好款待一番。

二、婚嫁习俗

1. 关中婚俗

过去在关中，婚姻全是父母之命，媒妁之言。父母在孩子长到十二三岁的时候，就托媒人给孩子订婚，娃娃亲一旦订下来，双方就不能随意反悔。但是，随着社会的发展，现在娃娃亲越来越少。孩子们长大以后，都是自由恋爱，只不过还要通过中间人"介绍"一下。定婚之后，双方商定一个"吉日"准备结婚。男方修整布置新房，女方准备嫁妆。

过去结婚，仪式繁琐。迎娶时，男方去7个人（6男1女），拉着箱子，提着篮子，内装猪肉5斤，公鸡1只，酒1瓶，红帖1个，到女方家后送

< 传统礼服

上红帖，女方以酒席招待。新娘上花车时，大多由平辈兄长背到车上，鞋不能着地，脚不能沾土，上路后还要撒"路帖"（用红帖纸剪成碎片边走边撒以之引路）。女方家有送新娘的客人，一般视亲戚多少定人数，大多数在40—50人之间，花名为避邪。此时新郎出门迎车。新娘下车后由执事人在新娘的盖头上撒麦草节，随撒口中随念"一撒草二撒草，三撒媳妇下了桥"；"一撒金，二撒银，三撒媳妇进了门"。新娘下了花车，踩着芦席，由男方嫂子陪同送到洞房。然后男方家开早饭，请亲戚朋友吃臊子面。中午，几声炮响之后，新娘子在嫂子的陪送下来到堂屋，行拜堂礼。拜完堂后，即开以酒菜为主的午饭。饭后，新郎新娘进入洞房，由一位能说会道的中年妇女铺床，边铺边说："铺床铺床，儿孙满堂，先生贵子，后生女郎，富贵双全，永远吉祥。"

我爱陕西

花桥 >

　　现在结婚，仪式大大简化。男方带上红包，用车去迎接新娘子。经过一番热闹的嬉闹，新娘和女方客人来到男方家里，放鞭炮，证婚人宣读结婚证书，向双方父母，来宾鞠躬，双方家长、来宾讲话，新人讲述恋爱经过，送新人入洞房等。

　　2. 陕南"亮针线"、"认大小"

　　"亮针线"是指新娘结婚后的第二天，在堂屋展示陪嫁的刺绣、缝纫等针线活，让人们观赏、评论。针线活一般有绣花枕头、扎花袜垫、信岔、锈鞋等。亮针线后接着是认大小，行礼拜。执事者把叔伯兄弟、妯娌亲戚，按名单排列亲疏长幼次序，一一唤到堂屋相认。执事者一边介绍，一边端盘收礼，新娘叫声叔、伯、舅，然后送其一件针线礼品，受礼者马上往盘子里放一红包，由执事者唱明钱数，交给新娘。这一仪式其实质是该家族承认新娘已成为其新的成员。

3. 陕北迎新娘

陕北男女结婚时，迎亲队伍十分壮观，前边有吹鼓手开道，后边有新郎擎酒相送，一行队伍浩浩荡荡踏得山沟里黄土飞扬。由于山大沟深，迎亲队伍有时得走两天。晚上，还要在途中的村子里住上一宿。不论迎亲队伍歇在哪个庄里，村里人都十分高兴地安排食宿。

迎亲人数也有讲究，迎人送人的婆姨应为双数。男方去多少人迎亲，女方也陪多少送亲。迎亲队伍中，婆姨们打扮得花枝招展，男人头扎崭新的白羊肚毛巾。但是深藏在花轿中的新娘，却身穿旧羊皮袄，怀抱押轿娃娃（一个六七岁的男孩），用锅底灰把脸涂得黑漆一般，据说是为了在路上逃避魍魉鬼怪的拦截。

< 婚嫁队伍

一声炮响,新郎所在的村庄霎时沸腾起来。男女老少涌到畔上来迎接。迎亲队伍走进院子,随着司仪"落轿"一声喊,鞭炮齐鸣,唢呐高奏。新娘踩着毛毡进入洞房窑。洞房窑陈设一新,前有供桌,桌上搭着红布,放着米和猪肉。司仪待新娘进窑后便宣布拜天地。司仪唱道:"一拜神灵送福来,二拜四方甲乙丁,两家儿女合婚姻,一年四季永安康。三拜公婆福寿长,钱财万贯有牛羊……"

拜完天地,新娘新郎抬上米斗进入洞房,新郎掀开新娘的盖头,一位老年婆姨为新娘上头,一边梳一边唱"头一木梳长,二一木梳节节长,张家的女子跳过王家的墙。对对核桃对对枣,对对儿女满炕跑。养女的,要巧的,石榴牡丹铰得好。养小子,要好的,穿长衫,戴顶子……"唱完后把新娘子头发盘成髻子挽起,最后叫二人喝交杯酒,开始闹洞房。

三、黄河葬礼

葬礼俗称"白事"。从死者驾鹤西游的那一刻起,葬礼仪式便算开始。陕西地区的葬礼在送葬前分为报丧、入殡、暖窑三部分。

报丧分为4部分。其一是逝者一瞑目,即由邻里向其他主要亲朋通知噩耗,以期奔丧、落炕、瞻仰遗容乃至入殓。其二是入殓后,即于大门外悬挂事先制做的"招魂幡"。若逝者为男,则书"归动来兮"、"神赴玉楼"等;若为女,则书"七日归来"、"瑶池添座"等词语,以照示乡里。其三是"悠套",即"哭巷",在亡后第三日,女辈孙女辈们从灵前跪拜、烧化纸钱开始,直至走出大门经主要巷道。其四是送葬日期确定后,即由孝子(一般为长子)向所有亲戚通知送葬时日,俗称"说门户"。

入殓是将逝者尸体放入棺木,棺木里还要放置镇物。

暖窑是送丧前的重头戏。暖窑开始后,五服之内的孝子先后列队于院中,当事人大呼"烧婚了"后,由长女婿执祭,以示"半子"。待火尽灰灭,

< 黄河葬礼

乐人、孝子、帮忙人等离开庭院，在女孝子一片"悠套"声中，经主要巷道，前往墓地，选"三姓人"及孝子携照明马灯、木炭火瓮等物品下入墓穴，然后给墓穴的四角各奠酒一盅，还要在口中念到"不用木石盖成房，冬暖夏凉，好房！好房！"最后，燃放鞭炮，乐人奏乐，暖窑即告完毕。

送葬这一天，孝子们天刚刚亮就要起床，在乐人的伴奏下于灵前烧"黄纸"，然后进行祭拜。中午12点准时出殡起灵，主事人宣布起灵后，由十多名年轻力壮的小伙子抬起灵柩，妥善放置并绑在丧舆之上。主事人喝一声"起丧"，一支浩浩荡荡的送葬队伍即前行，此时跪地的孝子孝女按男女左右抱丧舆大杆边哭边走直至墓地，即行下葬。下葬时，孝子们跪地而哭之，乐人们吹而奏之，直到墓冢圆起，逝者入土为安，即宣告整个丧葬的结束。

现在随着社会经济的发展，大多数地区移风易俗，实行火葬，丧事新办。

四　面条待客习俗

陕西关中及关中以北吃面食较多，因此面条花样百出，如剪面、扯面、干面、喜面等。在陕西，吃面代表礼仪，久而久之就形成了一种风俗。在

面条待客 >

家人如丈夫或儿子出远门时，全家人要一起吃团面，表示祝福外出的人一路平安；在家中为老辈人过生日祝寿时要吃寿面；一般在每年的最后一天要吃红面，表示吉祥如意，新的一年日子越过越红火；丈母娘要给新婚的女婿煮蛋面，表示对女婿的喜爱之情；每年腊八要吃粥面，俗称"腊八粥"，表示旧的一年已经过去，新的一年一定会丰衣足食；清明节前后要吃冷面，人称"寒食"，表示不动烟火，用于纪念不求荣华富贵、不谋官职的晋国著名人物介子推。

吃长寿面的由来

民间有生日吃寿面的习俗，这个习俗源于西汉年间。相传，汉武帝崇信鬼神又相信相术。一天与众大臣聊天，说到人的寿命长短时，汉武帝说：《相书》上讲，人的人中长，寿命就长，若人中1寸长，就可以活到100岁。"坐在汉武帝身边的大臣东方朔听后就大笑了起来，众大臣莫名其妙，都怪他对皇帝无礼。汉武帝问他笑什么，东方朔解释说："我不是笑陛下，而是笑彭祖。人活100岁，人中1寸长，彭祖活了800岁，他的人中就长8寸，那他的脸有多长啊。"众人闻之也大笑起来，看来想长寿，靠脸长长点是不可能的，但可以想个变通的办法表达一下自己长寿的愿望。脸即面，那"脸长即面长"，于是人们就借用长长的面条来祝福长寿。渐渐地，这种做法又演化为生日吃面条的习惯，称之为吃"长寿面"。这一习俗一直沿袭至今。

五、生子礼俗

在人生礼仪中，生儿育女是家庭和家族中的一件大事。陕西农村妇女怀孕叫"有喜"，生子叫"添喜"；关中一带把产妇叫"月婆"，把婴儿叫"月子娃"；陕南把产妇叫"月母子"。产妇坐月子都有约定俗成的礼仪。妇女分娩后，通常在产房门上挂一红布条，表示一月内忌讳生人入内。

产妇分娩后，父母首先要记住婴儿诞生的时辰，一两天之内，丈夫首先要向娘家报喜。旧日报喜时生男生女还有区别，例如在渭南地区，报喜

托托馍 >

时带酒一壶，如果生了个男孩子就在酒壶上拴一条红绳，如果生了个女孩子就在酒壶上拴一条红绸。女婿临走时，娘家用红布包几个圆形烙饼（托托馍），象征"给婴儿带奶粮"。

婴儿出生第三天，娘家人要去探望坐月子的女儿。关中一带多是带红糖、鸡蛋、点心等食品，表示对女儿的祝福和关怀。陕南汉中一带流行送"四喜礼"，包括婴儿的衣、袜、鞋、帽和一对鸡、二斤红糖、三对猪蹄、四十个鸡蛋。陕南汉中一带，娘家在第七天要送"月月米"，即一斗米和一些鲜菜，当地民谚说"添喜进口，增粮满斗"，"月母子吃了娘家粮，孩子不把舅舅忘"。

婴儿满月后要剃头、换衣，父母抱着婴儿出门去"撞喜"。如果遇到第一个人是成年男子，就拜他为"干大"（关中称爹为"大"）；如果第一个遇到的是成年妇女，就拜她为"干妈"；如果第一个遇到的是老汉，就拜他为"干爷"；如果第一个遇到的是老妇，就拜她为"干婆"。遇到的第一个人不论认识不认识，贫穷还是富有都要拜认，并把那个人请到家里去坐客。三天以后，还要带着礼物，抱着婴儿登门拜访。被拜者要在家里设酒款待亲家，还要送给婴儿衣帽等礼物。从此，两家就结为亲家，过

　　　　　　　　　　　　　　　　　黄土高原的民俗风情

< 曲连馍

年过节都要礼尚往来。在陕西，拜干亲体现了父母对子女的祝愿和厚爱，民间相信"双爹双娘，福大命大，逢凶化吉，遇难呈祥"。

　　婴儿出生一个月，要摆礼仪隆重的满月酒。亲朋好友都要登门祝贺，同时还要给小孩子准备一些礼品。渭南一带娘家要送虎形馍，意思是希望婴儿健康成长；宝鸡一带娘家要送"曲连馍"，意思祝愿婴儿长大后生活美满。办满月酒时，主人除了用烟、茶、酒等招待前来的客人，还要准备例如唱戏、演皮影、看电影等祝兴的节目。

第五章

三秦英杰　灿若星河

　　遥望三秦，这里的黄土承载了厚重的历史积淀。从西起宝鸡东到渭南，南抵秦岭，北到横山的关中平原，一个个帝王之丘俨然整齐地排列成两行凸显在眼前，正所谓"陕西的皇上排两行"。在这除先秦秦国陵外，最吸引眼球的便是秦始皇之骊山陵、汉武帝之茂陵，唐太宗之昭陵、唐高宗及武后之乾陵。看到这些磅礴的帝陵，你就油然地想起彼时他们的威严。

大唐西京千福寺多

寶佛塔感應碑文

南陽岑勛撰

朝議郎判尚書武

< 颜真卿《多宝塔碑》拓本

第一节　中国历史上的首位皇帝——秦始皇

　　秦始皇嬴政（公元前259年－前210年），汉族，名政，于秦昭王四十八年（公元前259年）正月生于赵国国都邯郸，嬴姓秦氏，又名赵政。中国历史上最伟大的政治家、战略家、军事统帅。公元前247年，秦王政13岁即王位。公元前238年，秦始皇22岁时，在故都雍城举行了国君成人加冕仪式，开始"亲理朝政"。自公元前230年至前221年，先后灭韩、赵、魏、楚、燕、齐六国，39岁时完成了统一中国的大业，建立起一个以

秦始皇 >

三秦英杰　灿若星河

汉族为主体统一的中央集权国家——秦朝。公元前210年，秦始皇在东巡途中驾崩于沙丘（今河北省邢台市）。

为了有效地管理国家，也为了替子孙万代奠定基业，秦始皇实施了一系列巩固政权的政策。秦始皇吸取了战国时期设置官职的经验，建立了一套相当完整的中央集权制度。在中央，设丞相、太尉、御史大夫。丞相主要掌管国家的政事，太尉主要掌管国家的军事，御史大夫主要负责监察百官。丞相、太尉、御史大夫与诸卿议论政务，最后由皇帝裁决。在地方，废除分封制，改行郡县制。地方行政机构分郡、县两级。郡县主要官吏由中央任免。

殷商以来，文字逐渐普及，但是春秋战国时期的民间文字存在很大的地区差异。这就妨碍了各地经济、文化的交流，也影响了中央政策法令的有效推行。于是，秦统一六国后，秦始皇下令李斯等人进行文字整理，统一全国的文字。

战国时期，各国的度量衡制度和货币制度很不一致。秦统一后，规定货币分金和铜两种：黄金称上币，以镒（秦制20两为镒）为单位；铜钱为下币，统一为圆形方空，以半两为单位。金币主要供皇帝赏赐，铜币主要用于流通。

战国时期，各国车辆形制不一。秦始皇统一全国后，把车宽定为六尺，再依据车宽修建道路，这样一车便可以通行全国。

秦朝建立后，于公元前213年至公元前212年，先后发生了"焚书"、"坑儒"事件。始皇三十四年（公元前213年），秦始皇听从丞相李斯的建议，推行"焚书令"，规定所有不是由秦朝官员记载的历史书籍，通通烧掉；不是秦朝的官员而私自收藏《诗》、《书》和百家思想的书籍，也全部烧掉；对于讨论与《诗》、《书》有关的内容的人处以刑罚。焚书坑儒事件一直持续到公元前206年秦朝灭亡。

秦朝统一六国之后，就开始在疆土的北面修筑长城。绵延万里的长城不只是一道单独的城墙，而是由城墙、关城、墩堡、营城、卫所、镇城、烽火台等多种防御工事所组成的一个完整的防御工程体系。这一防御工程体系，由各级军事指挥系统层层指挥、节节控制，以保证不受外族侵犯。

　　自古以来，历史上对秦始皇的评价褒贬不一。纵观秦始皇的一生，他对中国历史的发展起了巨大推动作用。可以说秦始皇是中国历史上一位叱咤风云，富有传奇色彩的划时代人物，也是中国历史上第一个多民族中央集权制帝国的创立者。

第二节　秦国名将——王翦

　　王翦，生卒年不详，频阳东乡（今陕西省富平县东北）人，战国时期秦国杰出的军事家，与其子王贲在辅助秦始皇统一六国的战争中立有大功，

王翦 >

　　　　　　　　　　　　　　　　　三秦英杰　灿若星河

除了韩国之外，其余五国全被王翦父子所灭。王翦杰出的军事指挥才能使他与白起、李牧、廉颇并称为战国四大名将。

王翦少年时期就喜爱兵法，事奉秦始皇征战。始皇十一年（公元前236年），王翦带兵攻破赵国阏与（今山西和顺），夺取九座城池，占领赵国漳水流域。始皇十八年（公元前229年）再次攻打赵国，用了一年的时间，攻下赵国的都城，俘虏了赵王迁。赵王迁投降，赵国成为秦国的一个郡，赵国灭亡。第二年，燕王派荆轲刺杀秦王，刺杀失败，秦王盛怒之下派王翦领兵攻打燕国。王翦在易水西边打败了燕军主力，燕王逃到了辽东，王翦平定了燕蓟，凯旋而归。秦王还命令王翦的儿子王贲攻打楚国和魏国，后来魏王投降，魏国也成为秦国的一部分。秦始皇二十六年（公元前221年），秦国统一了六国，结束了中国分裂的局面。

王翦在统一六国的过程中战功显赫，为后世所称道。纵观王翦的一生，无数次驰骋于战场之上，攻无不克，战无不胜。他有勇有谋，而且不乱杀害无辜，这在那个战火连天的时期，是难能可贵的。

知识小百科

尺有所短，寸有所长

这句成语出自《史记·白起王翦列传》。司马迁评价白起、王翦二人说："白起算计敌人能随机应变，计谋无穷，声震天下，却不能对付应侯给他制造的祸害；王翦身为秦将，平定六国，是当时的元老将军，秦始皇尊他为师，可他不能辅佐秦始皇建立德政，巩固国家的根基，却苟且迎合，取悦始皇，直至死去。他的孙子王离成了项羽的俘虏，不也是理所当然的吗？他们各有自己的短处啊！"

后世比喻人或事物各有其长处和短处。

我爱陕西

第三节　中华第一勇士——蒙恬

蒙恬（？—公元前210年），姬姓，蒙氏，名恬。汉族，祖籍齐国，山东人。秦始皇时期的著名将领，被誉为"中华第一勇士"。他是中国西北最早的开发者，也是古代开发宁夏的第一人。

蒙恬出身于名将之家。祖父蒙骜是秦国的名将，事奉秦昭王，官至上卿。蒙恬成长于武将之家，深受家庭环境的熏陶，从小就胸怀大志，立志冲锋陷阵，报效国家。他天资聪颖，熟读兵书，逐渐培养了较高的军事素养。始皇二十九年（公元前221年），蒙恬由于家世的关系，被封为秦国将领，跟随大将王贲率军南下攻打齐国，一路长驱直入攻占了齐国都城临淄。蒙

蒙恬 >

恬由于表现突出，战功卓著，于众武将中脱颖而出，被秦始皇封为内史，成为秦始皇的心腹大将。

司马迁在《史记》中叹道："蒙氏秦将，内史忠贤。长城首筑，万里安边。""夫秦之初灭诸侯，天下之心未定，痍伤者未瘳，而恬为名将，不以此时强谏，振百姓之急，养老存孤，务修众庶之和，而阿意兴功。"蒙恬的赫赫战功和修筑长城的丰功伟绩，让人敬佩不已。

第四节 "汉武盛世"的开创者——汉武帝

汉武帝刘彻（公元前 156 年－前 87 年），汉族，政治家、战略家。刘彻 7 岁时被册立为皇太子，16 岁登基，在位 54 年（公元前 141 年－前 87 年）。汉武帝在位时汉朝的疆域达到顶峰，但是，汉武帝连年征战，使得国库空虚，民不聊生。晚年时期，更是发生了大规模的农民暴动，并且在巫蛊案中冤杀了许多无辜的人。公元前 87 年，刘彻崩于五柞宫，享年70 岁，葬于茂陵，谥号"孝武"，庙号世宗。

初登帝位，汉武帝继续推行与民修养生息的政策，进一步削弱诸侯的势力，颁布推恩令，以法制来推动诸侯分封诸子为侯，使诸侯的封地不得不自我缩减。同时，他还设立刺史，负责监察地方。为了加强中央集权，将冶铁、煮盐、酿酒等生意收归中央管理，禁止诸侯国铸钱，使全国的财政权集于中央。思想上，采用董仲舒"罢黜白家，独尊儒术"的建议，大力宣扬儒学，与此同时，还采用法规和刑法来巩固政府的权威，彰显皇权的地位。

在位期间，汉武帝先平定南方闽越国的动乱，后开始着手以军事手段

汉武帝 >

代替带有屈辱性质的和亲政策来彻底解决北方匈奴的威胁。汉武帝派名将卫青、霍去病三次大规模出击匈奴，收复河套地区，夺取河西走廊，打通西域，封狼居胥，将当时汉朝的北部疆域从长城沿线推至阴山甚至更远的地方。在对匈奴作战的同时，采取和平手段和军事手段使西域诸国臣服。这就基本上解决了自西汉初期以来匈奴对中原的威胁，为后来把西域并入中国版图奠定基础。

　　武帝用人惟才是举、不拘一格。例如皇后卫子夫是从奴婢中选拔出来的；卫青、霍去病分别是从奴仆和奴产子中选拔出来的；丞相公孙弘、御史大夫儿宽、严助、朱买臣等人都是从贫苦平民中选拔上来的；御史大夫张汤、杜周，廷尉赵禹则是从小吏中选拔出来的。尤其值得注意的是，汉武帝任用的一些将军是越人、匈奴人。这些情况说明汉武帝选拔人才不受阶级出身与民族差别的限制，而是以惟才是举为标准。正因如此，汉武帝时期人才济济。

< 汉武帝茂陵

　　汉武帝晚年杀戮过多，因此反思颇多，有所悔悟。在登泰山、祀明堂之后，汉武帝在轮台宫殿里下《罪己诏》以表示承认自己的错误。天下也因此又逐渐归于和谐。

　　司马迁在《史记》中对汉武帝有褒有贬。班固的《汉书·武帝纪》对他的文治大加赞扬，但绝口不提汉武帝的武功，这表明班固对汉武帝的武功还是有保留的。到了司马光的《资治通鉴》，也是表扬、批评兼而有之。对汉武帝的所作所为应该褒扬，还是应该贬低，历史终会给一个公正的评判。

第五节　汉代大思想家——董仲舒

　　董仲舒（公元前179年—前104年），汉族，汉广川郡（今河北省枣强县）人。汉代思想家、哲学家、政治家、教育家。汉武帝元光元年（公元前134年）

董仲舒 >

任江都易王刘非国相10年；元朔四年（公元前125年），任胶西王刘端国相，4年后辞职回家。此后，一直在家著书。

　　董仲舒以《公羊春秋》为依据，将周代以来的宗教天道观和阴阳、五行学说结合起来，吸收法家、道家、阴阳家思想，建立了一个新的思想体系，成为汉代的官方统治哲学，对当时社会提出的一系列哲学、政治、社会、历史问题，给予了较为系统的回答。

　　公元前134年，汉武帝下诏征求治国方略。董仲舒在著名的《举贤良对策》中系统地提出了"天人感应"、"大一统"学说和"罢黜百家，表彰六经"的主张。董仲舒认为，"道之大原出于天"，自然、人事都受制于天命，因此反映天命的政治秩序和政治思想都应该是统一的。董仲舒在新的历史条件下复兴了被扼杀达百余年之久的儒家文化，并在一个新的历史时期融会贯通了中国古典文化中各家各派的思想，把它们整合为一个崭新的思想体系。他的著作后来大都汇集在《春秋繁露》一书中。董仲舒的思想，是西汉王朝总结历史经验，经历了几十年的选择而定下来的官方哲学，对巩固其统治秩序与维护大一统的局面起了积极的作用。

三秦英杰　灿若星河

三年不窥园

董仲舒，自幼天资聪颖，少年时酷爱学习，读起书来常常忘记吃饭和睡觉。其父董太公看在眼里急在心上，为了让孩子能歇歇，他在宅后修筑一个花园，让孩子能有机会到花园散散心歇歇脑子。

头一年，园里阳光明媚、鸟语花香。姐姐多次邀请董仲舒到园中玩。他手捧竹简，只是摇头，继续看孔子的《春秋》，背先生布置的诗经。

第二年，小花园建起了假山。孩子们纷纷爬到假山上玩。小伙伴们叫他，他低着头，在竹简上刻写诗文，头都顾不上抬一抬。

第三年，后花园建成了，父母叫仲舒去玩，他只是点点头，仍埋头学习。中秋节全家在花园中赏月，可就是不见董仲舒的踪影。原来他又找先生研讨诗文去了。

随着年龄的增长，董仲舒的求知欲愈见强烈，遍读了儒家、道家、阴阳家、法家等各家书籍，终于成为令人敬仰的儒学大师。

第六节　汉代卓越外交家——张骞

张骞（约公元前164—前114年），汉族，字子文，汉中郡城固（今陕西省城固县）人，中国汉代卓越的探险家、旅行家和外交家，开拓了汉朝通往西域的南北道路，并从西域诸国引进了汗血马、葡萄、苜蓿、石榴、胡桃、胡麻等。

我爱陕西

张骞 >

　　汉武帝建元元年（公元前140年），张骞被封为郎。建元三年（公元前138年）汉武帝任命张骞为使者出使大月氏，商议联合抗击匈奴之事。张骞出陇西，经过匈奴时被俘虏。张骞在匈奴呆了10多年，并且娶妻生子，但他始终保持着汉朝的礼节，不忘自己是汉人，还有未完成的使命。后来，张骞从匈奴逃跑成功，继续西走，经过大宛、康居，最后终于抵达大月氏。张骞把来意与大月氏国王讲明，但遭到对方的拒绝，因为大月氏已经不想再与匈奴进行战争，他们已经放弃了对匈奴的抵抗。之后，张骞又到大夏，在大夏停留了一年多才返回汉朝。在返回汉朝的途中，张骞改变了路线，从南山走，以避免被匈奴发现。但是事与愿违，他还是被匈奴人发现了，并再次被俘虏。元朔三年（公元前126年），匈奴内乱，张骞乘机逃回汉朝。回到汉朝后，张骞向汉武帝详细报告了西域的情况，武帝任命他为太中大夫。张骞在大夏时，得知由蜀（今四川盆地）西南取道身毒（今印度）可通大夏，因此建议武帝开西南夷道，但是因受到昆明夷的阻挠，这条道路最后也未能开通。元朔六年（公元前123年），张骞随卫青征战匈奴，因立有战功，被汉武帝封为博望侯。元狩二年（公元前121年），与李广出右北平（今河北东北部）攻击匈奴；由于张骞贻误军机，按照当时的律令应当处斩，但他用侯爵赎罪，因而逃过一死，被贬为庶人。后来，张骞再

三秦英杰　灿若星河

次建议汉武帝联合乌孙（在今伊犁河流域），汉武帝于是任命张骞为中郎将。元狩四年（公元前119年），张骞率领300人携带数以万计的牛羊金帛出使乌孙。张骞到乌孙以后，又分别派遣副使往大宛、康居、月氏、大夏等旁国，此行也取得了巨大的成果，西域各国也派使节回访长安。乌孙遣使送张骞归汉，并献马报谢。元鼎二年（公元前115年），张骞回到汉朝。第二年，张骞去世。他所派遣的副使后来相继引领西域诸国使者来汉；乌孙后来终于与汉联合，共同击破匈奴。汉通西域，张骞当属首位功臣。因为张骞在西域很有威信，后来汉朝派遣的使者多称博望侯以赢取诸国的信任。张骞出使西域的道路，成为后来的丝绸之路，这一开拓性的创举，至今仍为世人称道。

第七节　西汉杰出军事家——霍去病

霍去病（公元前140年—前117年），汉族，河东郡平阳县（今山西临汾西南）人。汉武帝时期杰出的军事家，是名将卫青的外甥，任大司马骠骑将军。霍去病好骑射，善于长途奔袭。霍去病多次率军与匈奴交战，在他的带领下，匈奴被汉军杀得节节败退，霍去病也留下了"封狼居胥"的佳话。

元朔六年（公元前123年），17岁的霍去病被汉武帝任命为骠姚校尉，跟随卫青在漠南（今蒙古高原大沙漠以南）与匈奴交战。汉朝军队以800人歼灭了敌军2028人，俘获了匈奴的相国和当户，并杀死匈奴单于祖父一个辈分的籍若侯产，生擒季父罗姑比。这次战役使霍去病名声大震，汉武帝封他为冠军侯。

霍去病塑像 >

　　元狩二年（公元前121年）春，汉武帝任命19岁的霍去病为骠骑将军，于春、夏两次率兵出击占据河西（今河西走廊及湟水流域）地区的匈奴部落。共歼灭敌军4万余人，俘虏匈奴王5人及王母、单于阏氏、王子、相国、将军等120多人，降服匈奴浑邪王及部众4万余人。自此，汉朝全部占领河西走廊，结束了多年来河西走廊的战乱状态。同年秋天，霍去病奉命迎接率领部众投降汉朝的匈奴浑邪王，在部分降众变乱的紧急关头，他率领军队驰入匈奴军中，斩杀变乱者，稳定了局势，浑邪王得以率4万余众归汉。从此，汉朝控制了河西地区，打通了西域道路。元狩四年（公元前119年）春，汉武帝命卫青、霍去病（22岁）各率骑兵5万分别出定襄和代郡，深入漠北，寻歼匈奴主力。霍去病率军北进两千多里，越过离侯山，渡过弓闾河，与匈奴左贤王部交战，歼敌70400人，俘虏匈奴屯头王、韩王等3人及将军、相国、当户、都尉等83人，乘胜追杀至狼居胥山（今蒙古境内），在狼居胥山举行了祭天封礼，在姑衍山举行了祭地禅礼，兵锋一直逼至瀚海（今贝加尔湖）。经此一战，"匈奴远遁，而漠南无王庭"。

霍去病用兵灵活，注重方法策略，不拘泥于古时传下来的战法，勇猛果断，出征必胜，深得汉武帝的信任。霍去病与卫青被称为帝国双璧。并留下了"匈奴未灭，何以家为"的千古名句。元狩六年（公元前117），霍去病卒，年仅24岁。

第八节 伟大的史学家——司马迁

司马迁（公元前145年或前135年—前87年），字子长，西汉夏阳（今陕西韩城）人，中国古代伟大的史学家、思想家、文学家，被后人尊称为"史圣"。

司马迁10岁开始学习古文书传。20岁时，从京师长安南下漫游，足迹遍及江淮流域和中原地区，他每到一个地方都要考察当地的风俗，采集当地的传说。元封三年（公元前108年），司马迁继承其父司马谈之职，任太史令。此后，司马迁开始撰写《史记》。后来因为替投降匈奴的李陵辩护，获罪下狱，受腐刑。出狱后任中书令，继续发愤著书，终于在公元前91年完成了《史记》的撰写，人称其书为《太史公书》，这是中国第一部纪传体通史，对后世史学影响深远。

司马迁以其"究天人之际，通古今之变，成一家之言"的史识，成就了《史记》。全书130篇，52万6500余字。《史记》全书包括12本纪（记述历代帝王的政绩）、30世家（记述诸侯国和汉代诸侯、勋贵的兴亡）、70列传（记述重要人物的言行事迹，主要叙人臣，其中最后一篇为自序）、

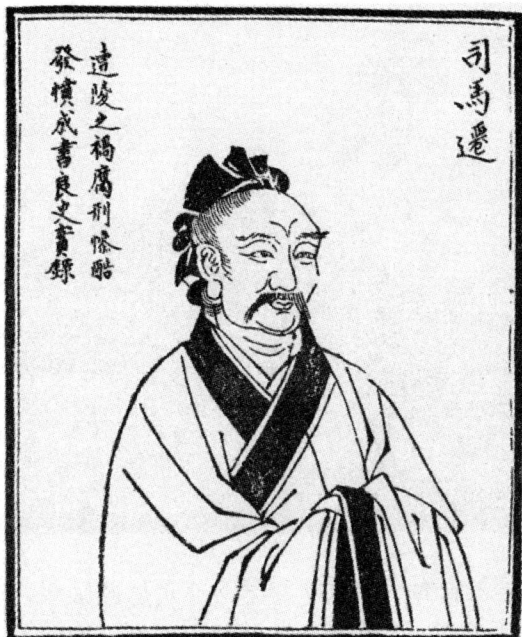

遗陵之祸腐刑惨酷
發憤成書良史實錄

司馬遷

司马迁 >

10表（大事年表）、8书（记述各种典章制度，记礼、乐、音律、历法、天文、封禅、水利、财用），对后世的影响极为巨大，被称为"实录、信史"，被鲁迅先生誉为"史家之绝唱，无韵之离骚"，列为前"四史"之首，与《资治通鉴》并称为史学"双璧"。司马迁与司马光并称"史界两司马"，与司马相如合称"文章西汉两司马"。司马迁的著作，除《史记》外，《汉书·艺文志》还著录赋八篇，但已散失，现存的仅有《艺文类聚》卷30引征《悲士不遇赋》的片段和有名的《报任安书》（即《报任少卿书》）。《报任安书》表达了他为完成自己的著述而决心忍辱含垢的痛苦心情，是研究司马迁生平思想的重要资料，也是一篇饱含感情的杰出散文。《悲士不遇赋》是司马迁晚年的作品，抒发了他受腐刑后不甘于"没世无闻"的愤激情绪。

后世对司马迁的评价颇高。例如翦伯赞认为司马迁是中国历史学的开山祖师，《史记》是一部以社会为中心的历史。翦伯赞说："中国的历史

三秦英杰　灿若星河

< 司马迁祠

学之成为一种独立的学问，是从西汉起，这种学问之开山祖师是大史学家司马迁。《史记》是中国历史学出发点上一座不朽的纪念碑。"他还说："《史记》虽系纪传体，却是一部以社会为中心的历史。"司马迁"几乎注意到历史上社会之每一个阶层，每一个角落，每一方面的动态，而皆予以具体生动的描写。所以我以为，《史记》是中国第一部大规模的社会史"。可见，司马迁的治史思想，对后世历史学的发展产生了重大影响。

第九节　汉代著名史学家——班固

　　班固（32年—92年），字孟坚，汉族，扶风安陵人（今陕西咸阳东北）。东汉时期著名的史学家、文学家。班固，典校秘书，潜心二十余年，写成了《汉书》。当时的朝廷器重他，任命他为玄武司马，后来在征匈奴时任命为中护军。由于征服匈奴兵败受牵连，最后死于狱中。班固善辞赋，传世的有《两都赋》等。

　　班固的《汉书》是我国西汉的断代史，其中记载了当时大量的自然和人文地理资料，尤其集中在其中的《地理志》以及《沟洫志》和《西域列传》等篇目中。例如，仅《汉书·地理志》的正文中就记载川渠480个，泽薮59个，描述了全国300多条水道的源头、流向、归宿和长度，是《水经注》出现以前内容最丰富的水文地理著作。正文中还记载有153个重要山岳和139处工矿物产位置分布情况；有屯田的记录；有水利渠道的建设；有各郡国及首都长安、少数重要郡国治所及县的户数和人口数统计资料113条，是我国最早的人口分布记录，也是当时世界上最完善的人口统计资料。书

班固 >

　　　　　　　　　　　　　　　　　　　　三秦英杰　灿若星河

中有陵邑、祖宗庙、神祠的分布；有具有历史意义的古国、古城及其他古迹记录；有重要的关、塞、亭、障的分布以及通塞外道路的内容等。总之，《汉书》中所记载的自然地理、经济地理、人口地理、文化地理、军事交通地理等内容为今天研究汉代的社会提供了宝贵的资料。

第十节　千古一帝——唐太宗

　　唐太宗李世民（599年—649年），汉族，陇西成纪（今甘肃天水）人，祖籍赵郡隆庆（今河北省邢台市隆尧县），中国历史上伟大的军事家、政治家、理论家、书法家和诗人。649年7月驾崩于长安含风殿，享年50岁，葬于陕西礼泉东北50多里的山峰上的昭陵。初谥文皇帝，庙号太宗。674年加谥文武圣皇帝，749年加谥文武大圣皇帝，754年加谥文武大圣大广孝皇帝。

　　唐朝建立初期，李世民南征北伐，立下赫赫战功，被封为秦王。唐太宗即帝位后以民为本，广泛听取人民的意见，虚心接受有益的建议；重视人才的选拔，对于有才之人委以重任；依照律法办事，不徇私枉法。正是由于这些措施的实行，使得唐朝在当时与西方国家相比，无论在政治、经济还是文化上都走在世界的最前列。

　　唐太宗亲眼目睹了隋朝因农民战争而瓦解的过程，他认识到农民群众对于国家政治安定的重要性，于是吸取了隋朝灭亡的教训，调整统治政策，以缓和阶级矛盾，稳定社会秩序，恢复经济发展。首先，唐太宗认识到了统治者与人民是"舟与水"的关系。因而，在即位之初，唐太宗下令减轻徭役和赋税，让老百姓休养生息。二是唐太宗十分注重人才的选拔，选任官员严格遵循德才兼备的原则。唐太宗认为只有选任具有真才实学的人，才能达到天下大治，因此他曾先后五次颁布求贤诏令，并增加科举考试的科目，扩大参加考试的人的范围和数量，以便发掘更多的人才，为唐朝的发展做贡献。三是加强政治统治，完善三省六部制和科举制，以巩固中央集权，提高行政效率，扩大统治基础。唐太宗时期完善科举制度、大力兴办学校、重视教育活动、普及官吏选聘，如此才有太宗喜言"天下英雄，入朕彀中矣"。唐太宗还十分注重法治。法律制定出来以后，唐太宗以身作则，带头守法，在贞观时期，真正地做到了王子犯法与民同罪。执法时铁面无私，但量刑时唐太宗又反复思考，慎之又慎。

唐朝时期边疆战争之频繁和战胜次数之多，在中国古代史上非常罕见。唐太宗在位期间，除对高句丽的战争没有取得战略胜利外，对东突厥、吐谷浑、高昌、安西四镇、漠北薛延陀等的战争都取得了辉煌的胜利。唐太

唐太宗 >

三秦英杰 灿若星河

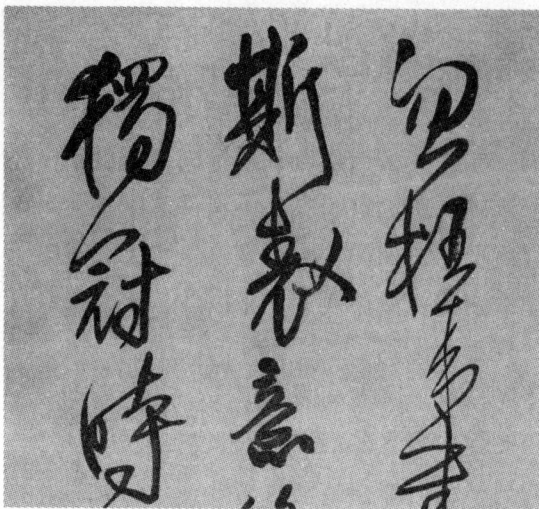

<清王铎临唐太宗贴

宗时期的胸怀大局、四海一统的民族和外交政策，使得唐朝的民族和外交政策取得了辉煌的成就。

面对自己空前的文治武功，唐太宗在晚年也出现一些过失。不过唐太宗晚年能够及时清醒地认识到自己的问题，所以也能进行调整。因此，虽然唐太宗晚年存在这些过失，但是并没有给唐朝带来败亡的危机，基本上维持了贞观之治的局面。

唐太宗能任用贤能，从善如流，闻过即改。视民如子，不分华夷，开创"贞观之治"。正如筑东阳先生所说"他是继孔子之后中国数一数二的伟人"。

知识小百科

唐太宗与魏征的故事

唐太宗时期，有一次，魏征在上朝的时候，跟唐太宗争得面红耳赤。唐太宗实在听不下去，想要发作，又怕在大臣面前丢了自己接受意见的好名声，只好勉强忍住。

退朝以后，他憋了一肚子气回到内宫，见了他的妻子长孙皇后，气冲冲地说："总有一天，我要杀死这个乡巴佬！"长孙皇后很少见太宗发那么大的火，问他说："不知道陛下想杀哪一个？"唐太宗说："还不是那个魏征！他总是当着大家的面提意见，侮辱我，叫我实在忍受不了！"长孙皇后听了，一声不吭，回到自己的内室，换了一套朝见的礼服，向太宗跪拜。唐太宗惊奇地问道："你这是干什么？"长孙皇后说："我听说英明的天子才有正直的大臣辅佐，现在魏征这样正直，正说明陛下的英明，我怎么能不向陛下祝贺呢！"这一番话就像一盆清凉的水，把太宗满腔怒火浇熄了。

公元643年，直言敢谏的魏征病死了。唐太宗很难过，他流着眼泪说："以铜为镜，可以正衣冠；以古为镜，可以知兴替；以人为镜，可以知得失。魏征没，朕亡一镜矣！"

第十一节 著名边塞诗人——王昌龄

王昌龄（690年—756年），字少伯，汉族，山西太原人。盛唐时期著名的边塞诗人，后人誉为"七绝圣手"。王昌龄年轻的时候家里贫困，全靠种地养家糊口，快40岁时才中进士。王昌龄的诗以七绝见长，尤其以中进士之前赴西北边塞所作的边塞诗最为著名。他的边塞诗气势雄浑，格调高昂，充满了积极向上的精神。后世称之为王龙标，有"诗家夫子王江宁"之称，存诗170余首，作品有《王昌龄集》。

王昌龄在盛唐时名噪一时，被称为"诗家夫子王昌龄"。王昌龄由于很早就以诗出名，所以与当时著名的诗人李白、孟浩然、高适、綦毋潜、李颀、岑参、王之涣、王维、储光羲、常建等交游颇多，友谊很深。在仕途上，他因为多次被贬，在荒僻的岭南和湘西生活过，也曾来往于经济较

< 王昌龄

　　为发达的中原和东南地区，还曾远赴西北边地，甚至可能去过碎叶（在今吉尔吉斯斯坦）一带。因而他丰富的生活经历和广泛的交游经历，为他的诗歌创作提供了良好的素材。

　　王昌龄的诗气势雄浑，格调高昂。内容基本上选用乐府旧题来抒写战士征战沙场、建功立业和思念家乡的心情。王昌龄善于捕捉典型的情景，以独特的视角描述人们复杂的心情。王昌龄的诗歌语言圆润蕴藉，音调婉转和谐，意境深远悠长，令人回味无穷。王昌龄的爱国主义情怀和英雄主义精神在他的边塞诗里得到了充分的体现。此外，王昌龄还非常关心下层人民的生活，在他的诗中体现了对下层人民的人文关怀和诗人宽广的视野以及博大的胸怀。王昌龄在写作方式上擅长以景喻情，情景交融。这本是边塞诗最常用的结构，但是王昌龄运用最简练的技巧，于最朴实无华的情境之外又开拓出一个更为广阔的视野。由于王昌龄的诗歌最专于七绝，并且取得了很高的成就，后人称其为"七绝圣手"。清沈德潜说："五言绝右丞（王维）、供奉（李白）；七言绝龙标（王昌龄）、供奉。妙绝古今，别有天地。"

第十二节　唐代"诗佛"——王维

　　王维（701年—761年），字摩诘，汉族，祖籍山西祁县，唐朝诗人，官至尚书右丞，世称"王右丞"。王维山水诗的成就最高，是唐代山水田园派的代表，与孟浩然合称"王孟"，晚年无心仕途，专心研究佛法，故

王维 >

后世人称其为"诗佛"。著有《王右丞集》，今存诗 400 余首。王维精通佛学，佛教有一部《维摩诘经》，是维摩诘向弟子们讲学的书，王维名和字就来源于此。王维诗书画都很有名，是个多才多艺的人。

王维在诗歌上的成就是多方面的，无论边塞诗、山水诗、律诗，还是绝句，都有脍炙人口的佳篇。他在描写自然景物方面有独到的造诣。无论是名山大川的壮丽宏伟，或者是边疆关塞的壮阔荒寒，小桥流水的恬静，都能准确、精炼地塑造出完美无比的鲜活形象，无需过多的言语，便能创造出深远的意境，使诗情与画意完全融为一体。他的诗和画被苏轼称为"味摩诘之诗，诗中有画，观摩诘之画，画中有诗"。王维描绘自然风景有独特的视角和较高的成就，这使他在盛唐诗坛独树一帜，成为山水田园诗派的代表人物。他继承和发展了谢灵运开创的写作山水诗的传统，对陶渊明田园诗的清新自然也有所吸取，使山水田园诗的成就达到了一个高峰。

昔人曾誉王维为"诗佛"，并与"诗圣"杜甫、"诗仙"李白并提。故有"李白是天才，杜甫是地才，王维是人才"之说。以思想内容而言，王维的诗远不能与李白、杜甫相提并论；但在艺术方面，王维确有其独特的成就与贡献。

知识小百科

王维：《渭城曲》

渭城朝雨浥轻尘，客舍青青柳色新。劝君更尽一杯酒，西出阳关无故人。

注释：(1) 渭城曲：为题作《送元二使安西》，或名《阳关曲》或《阳关三叠》。

(2) 渭城：在今陕西省西安市西北，即秦代咸阳古城。浥（yì）：润湿。

(3) 客舍：旅馆。柳色：柳树象征离别。

(4) 阳关：在今甘肃省敦煌西南，为自古赴西北边疆的要道。

第十三节　大唐书魂——颜真卿

　　颜真卿（709年—784年），字清臣，汉族，唐京兆万年（今陕西西安）人，祖籍唐琅琊临沂（今山东临沂），唐代中期杰出书法家。他创立了"颜体"楷书，与赵孟頫、柳公权、欧阳询并称"楷书四大家"。

　　颜真卿小的时候，家里穷，没有纸笔练字，他就用笔醮黄土水在墙上练字。初学褚遂良，后师从张旭，又汲取了初唐四家的特点，兼收篆隶和

颜鲁公真像
为合杭胡
白首陷贼
秉执简义
甘蹈鼎镬
坐斥降奴
视若螳蚁
劲气孤忠
严霜烈日

颜真卿 >

北魏笔意，完成了雄健、宽博的颜体楷书的创作，树立了唐代楷书的典范。他的楷书一反初唐书风，行以篆籀之笔，化瘦硬为丰腴雄浑，结体宽博而气势恢宏，骨力遒劲而气概凛然，端庄雄伟。他的书体被称为"颜体"，与柳公权并称"颜柳"，有"颜筋柳骨"之誉。颜真卿用笔匀而藏锋，内刚劲而外温润，字曲折出圆而有力。

　　颜真卿传世的作品比较多，楷书有《竹山堂联句诗帖》、《告身帖》；行草书有《祭侄文稿》、《刘中使帖》、《湖州帖》等。颜真卿一生书写碑石极多，流传至今的有结构端庄整密、秀媚多姿的《多宝塔碑》；风格清远雄浑的《东方朔画赞碑》；端庄遒劲的《谒金天王神祠题记》；雄伟健劲的《臧怀恪碑》；雍容朗畅的《郭家庙碑》；浑厚庄严，结构精悍且饶有韵味的《麻姑仙坛记》；方正平稳，不露筋骨的《大唐中兴颂》；书法开阔雄浑的《宋璟碑》；气象森严的《八关斋会报德记》；雄健深厚的《元结碑》；持重舒和的《干禄字书》；书法筋力丰厚的《颜氏家庙碑》等。传世墨迹有《争座位帖》、《祭侄季明文稿》、《刘中使帖》、《自书告身帖》等。《祭侄季明文稿》，行草墨迹，纵28.2厘米，横72.3厘米，25行，共230字。此帖本是稿本，原不是作为书法作品来写的，但正因为无意作书，反成为颜氏不可多得的佳作。他用笔苍率，不着意而有自然生动之妙。所以此帖神彩飞动，姿态横出，笔势雄伟，超神入圣，被誉为颜书行草第一。元鲜于枢曾评此帖为"天下第二行书"。

知识小百科

颜真卿《祭侄稿》

　　《祭侄稿》全称《祭侄季明文稿》，为三大行书书法帖之一，系中华十大传世名帖之一。书于唐乾元元年（公元758年）。麻纸本，行书，共234字。钤有"赵氏子昂氏"、"大雅"、"鲜于"、"枢"、"鲜于枢伯几父"、"鲜于"等印。
现藏台北故宫博物院。

《祭侄稿》是颜真卿为悼念堂兄颜杲卿的幼子季明的祭文草稿。"安史之乱"时，在常山郡的堂兄父子与在平原郡的真卿同举义旗，并肩作战，不幸常山城破，父子皆取义成仁。当士兵将季明遗骨从常山带回时，颜真卿怀着极其悲痛的心情，写下了此篇文稿。文中字字相连，一气呵就，悲愤与怀念全付诸笔端，任笔为体，全以神行。颜真卿是中国书法史上继王羲之之后，唯一能与王羲之并驾齐驱的书法革新家。

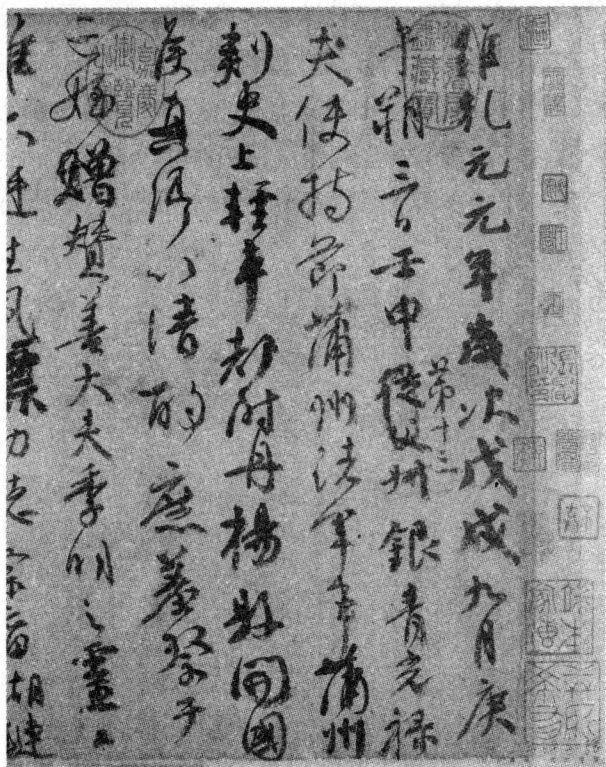

∧ 颜真卿《祭侄稿》（局部）

三秦英杰　灿若星河

第十四节　书坛巨擘——柳公权

　　柳公权（778年—865年），字诚悬，汉族，京兆华原（今陕西铜川市耀州区）人，唐代著名书法家。柳公权小的时候就勤奋好学，善于辞赋，懂韵律。书法写作中擅长楷书，广泛学习魏晋及初唐诸家的书写方式，其中受颜真卿影响较大。柳公权的书法结构严谨，笔画锋棱明显，书风遒媚劲健，可以和颜真卿雄浑雍容的书风相媲美，被后人誉为"颜筋柳骨"。柳公权传世墨迹有《送梨帖题跋》，碑刻有《金刚经碑》、《玄秘塔碑》、《神策军纪圣德碑》、《平西郡王李晟碑》、《羲阳郡王苻璘碑》、《魏公先庙碑》、《高元裕碑》、《冯宿碑》、《苏夫人墓志》、《李石神道碑》、《大唐回元观钟楼铭》等。

＜柳公权

我爱陕西

柳公权的书法在唐朝当时即负盛名，民间更有"柳字一字值千金"的说法。他的书法结体遒劲，而且字字严谨，一丝不苟。在字的特色上，开始时以王羲之为师，后来以颜真卿为师，最终形成了体势劲媚、骨力道健的行书和楷书。也由于他作品独具特色，因此，柳公权的书法有"柳体"

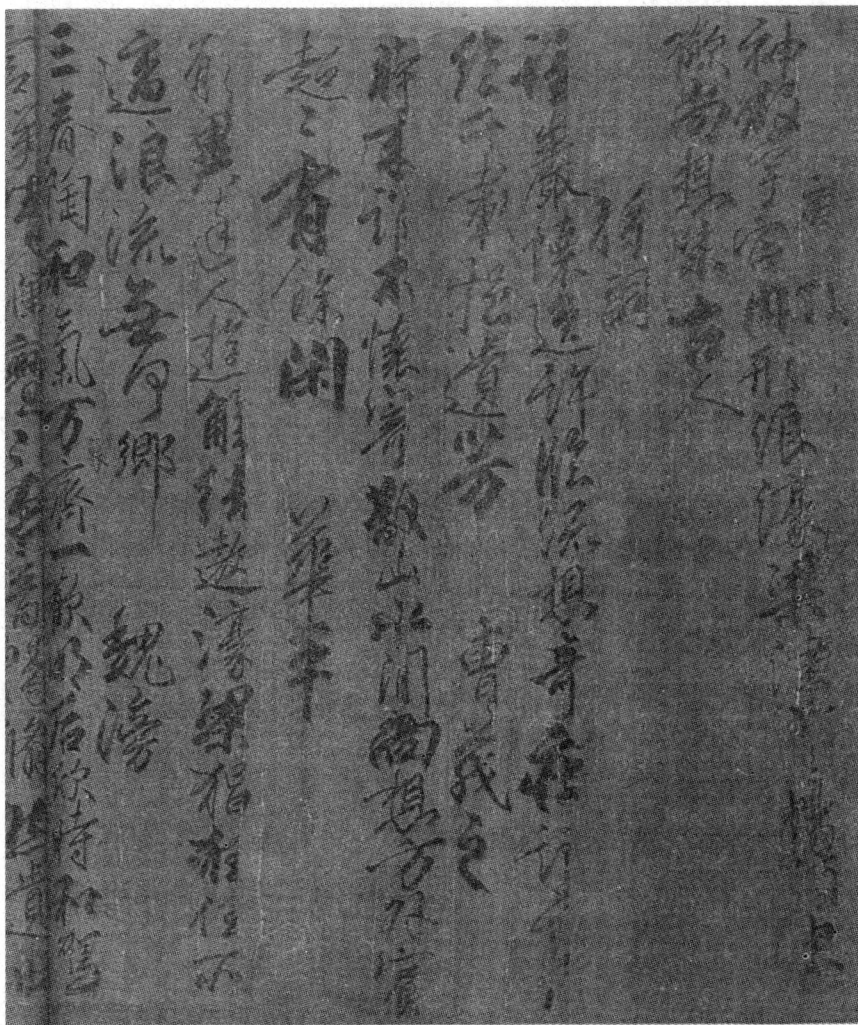

∧柳公权行书

之称。唐穆宗曾经问柳公权用笔之法，公权答："用笔在心，心正则笔正。"宋代朱长文《墨池编》说："公权正书及行楷，皆妙品之最，草不失能。其法出于颜，而加以遒劲丰润，自名家。"《旧唐书》讲："公权初学王书，遍阅近代书法，体势劲媚，自成一家。当时公卿大臣家碑版，不得公权手书者，人以为不孝。外夷入贡，皆别署货币，曰此购柳书。"

第十五节　晚唐杰出诗人——杜牧

杜牧（803年—约852年），字牧之，号樊川居士，汉族，京兆万年（今陕西西安）人，晚唐时期杰出的诗人、散文家，以七言绝句著称。擅长文赋，

<杜牧

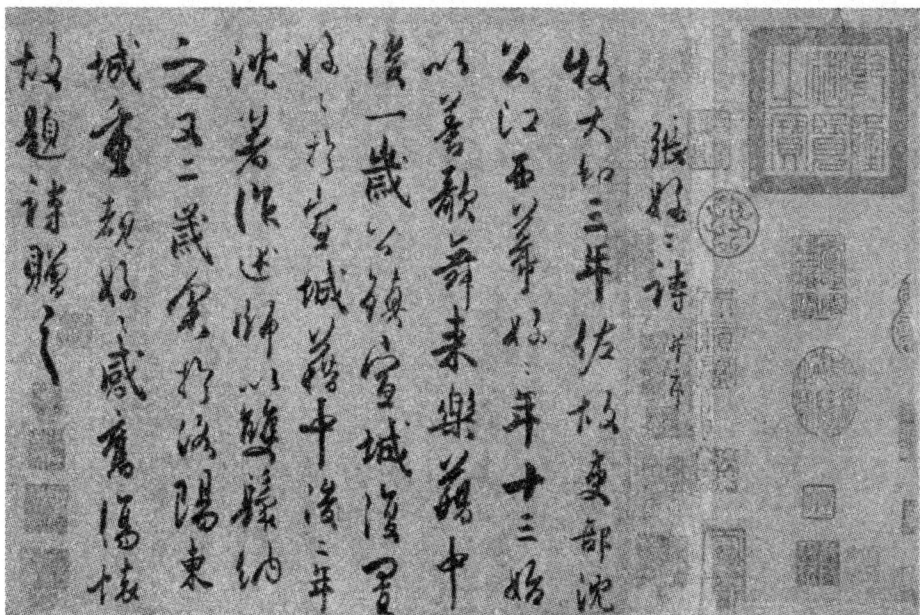

∧ 杜牧唯一传世书法作品《张好好诗》

其《阿房宫赋》为后世传诵。因为晚年居住在长安南樊川别墅,故后世称"杜樊川",著有《樊川文集》。

杜牧从小就有着拯救人世、治理国家的抱负,但是险恶的官场、坎坷的仕途,使他壮志难酬,感慨良多。在诗歌创作上,杜牧与晚唐另一位杰出的诗人李商隐齐名,并称为"小李杜"。他的古体诗受杜甫、韩愈的影响,题材广阔,笔力峭健。他的近体诗则文词清丽、情韵跌宕,受到人们的推崇。他的七言绝句更是名篇迭出,脍炙人口,例如《过华清宫绝句》、《赤壁》、《题乌江亭》、《泊秦淮》、《江南春》、《寄扬州韩绰判官》、《山行》、《秋夕》等,历代传诵,家喻户晓。他的七律诗《早雁》、《河湟》、《润州二首》、《题宣州开元寺水阁,阁下宛溪,夹溪居人》、《宣州送裴坦判官往舒州,时牧欲赴官归京》、《九日齐山登高》、《登九峰楼寄张祜》等篇也为人称道。

杜牧既擅长用比兴的手法描写景物、抒发情感，又擅长用白描的手法直接叙述所见所闻；既擅长婉转地描述人物故事，又擅长真切地叙述自己的瞬间感受；既注意叙和议相互结合，又注意情与景交通汇融。杜牧诗歌的语言风格既绚丽多采，又清新自然；既明丽爽俊，又含蓄委婉，既风流华美，又神韵疏朗。诚如全祖望所说"杜牧之才气其唐长庆以后第一人耶！"

第六章

人文陕西　山水秦岭

　　在陕西，随处可以看到古代遗迹，例如秦始皇兵马俑、乾陵、法门寺、西安碑林等。除此之外，陕西还有景色秀美的自然景观，例如西岳华山、黄河壶口瀑布、黄土高原、陕南秦巴山地、骊山风景区、太白山等。

∧ 西岳华山

第一节 天下第一陵——轩辕黄帝陵

黄帝陵是中华民族的始祖轩辕黄帝的陵墓，被誉为中国第一陵，位于延安市黄陵县城北1公里的桥山之巅。从古至今，每年清明节，来此拜谒祭陵的人络绎不绝。

黄帝是我国原始社会末期一位伟大的部落首领。黄帝姓公孙，因成长于姬水，故又姓姬。曾经在轩辕之丘（今河南新郑县轩辕丘）居住，取名轩辕。祖籍有熊氏，所以号称有熊。又因崇尚土德，而土是黄色的，故称黄帝。黄帝出生于山东寿丘，逝世于河南荆山，葬于陕西桥山。由于黄帝第一次统一中华民族，因而他的丰功伟绩被载入史册。黄帝带领部落的人种植谷物，促进了当时生产力的发展；创造文字，使人类逐步走向文明；制造船和车，发明指南针，扩大了人们的活动范围，增长了人们的见识；黄帝的各项发明创造，使他无愧于中华民族古代文明先祖的称号。

黄帝陵 >

　　轩辕广场是黄帝陵的起点。轩辕广场的地面用 5000 块秦岭天然河卵石铺就而成，代表中华民族五千年的文化史。轩辕广场中间有个池子，叫做印池，相传以前是黄帝洗笔的地方。印池的水来自于沮河。在古汉语中，沮通"祖"，因此，沮河也被看成是祖先之河。夜晚来临时，这里会出现"沮水月夜"的美景。

< 黄帝陵祭祀

黄帝陵全景 >

　　拜祭黄帝，一般"先祭庙，后谒陵"。轩辕庙坐落在沮水以北，坐北朝南，居高临下，雄伟壮观。轩辕庙由四进院落构成，庙门是汉代建筑风格，高大巍峨，古朴大方。据旧中部县志记载：司马迁为写《黄帝本纪》曾经来到黄帝陵进行考证。这件事之后，地方官员就建造了轩辕庙。到了唐代宗大历年间，正式在城北桥山西麓建庙。宋太祖开宝五年（972 年），由于河水侵蚀，又把庙址从西山麓移到东山麓，也就是现在的轩辕庙遗址。

　　跨入轩辕庙大门，左侧有一株引人注目的参天古柏。古柏枝干苍劲，苍翠欲滴，冠如华盖，郁郁葱葱。该树树龄已有约 4700 年，相传是黄帝

黄帝脚印 >

< 黄帝雕像

亲手种植的，所以称为"黄帝手植柏"。当地谚语称"七搂八拃（张开大拇指和中指来量长度）半，疙里疙瘩不上算"，意思是说七个人手拉手还搂不住它。1982年，英国林学专家罗皮尔等人在考察了世界27个国家的古柏后，来到我国看到这株参天古柏，不禁惊叹，说它是"世界柏树之父"。

< 人文初祖

正对着轩辕庙大门的是"碑亭"，里面共有四通碑石。右侧第一通碑文的内容是孙中山先生担任中华民国临时大总统时所作的一首祭词："中华开国五千年，神州轩辕自古传，创造指南车，平定蚩尤乱；世界文明，唯有我先。"可惜的是，这份祭文手迹己经遗失。但是，孙中山先生所写的"世界文明，唯有我先"这首诗词，仍被后世传颂。右侧第二通是1942年蒋介石亲笔题写的"黄帝陵"三个大字；左侧第一通为毛泽东于1937年4月5日国共两党同祭黄帝陵时亲笔撰写的祭文；左侧第二通为邓小平手书"炎黄子孙"四个大字。

　　离开碑亭后，继续向里走，会看到左手边有一块一米见方的青石块，石块上刻着一副巨大的黄帝脚印。该石出土于黄陵东南的郭洼。据说黄帝的脚印共有三副：一副在河南，一副在山东，一副就在黄陵。据当地人说，如果隔着栅栏用硬币投中大脚趾，就预示着大吉大利，心想事成，万事顺意。

　　再往前走就是轩辕殿。在轩辕殿前左侧，有一株柏树。树干斑痕密布，纵横成行，好像有断钉在树干里。据说，是由于公元前109年，汉武帝

黄帝陵古柏 >

北征朔方归来，祭黄帝陵时在此树干上钉钉子挂盔甲所致。所以叫这棵树又叫做"挂甲柏"，也称为"将军柏"。每年清明节前，树孔内还会溢出柏汁，凝结为珠，像泪珠一样。清明节后，又会恢复原样，被人们称为"群柏之奇"。

轩辕殿建于明代，门额上悬挂着原国民党爱国将领程潜1938年所题的"人文初祖"四个大字。进入大殿，首先映入我们眼帘的是半浮雕黄帝像。这尊民族始祖的圣像，是以东汉武梁祠庙的画像石刻拓片为蓝本，经国家文物局征求有关专家的意见后批准，放大刻制而成。黄帝石雕像为全身像，用墨玉雕成。石雕像黄帝沉稳站立，步履向东又回首望西，抬臂扬手，冠带简朴，着装无华。黄帝像的四周雕刻有四灵图案：上朱雀、下玄武、左青龙、右白虎。

参观完轩辕庙，就要登山，拜谒黄帝陵。古代的时候，黄帝陵被称为桥陵，因为山的形状像桥一样，下面又有沮水穿过，所以山被称为桥山，陵被称为桥陵。自清代毕沅在黄帝陵前题碑"古轩辕黄帝桥陵"之后，桥陵之称更是为大众所知。1942年，为了与蒲城丰山唐睿宗的桥陵相区别，陕西省第三区专员公署改称桥陵为黄帝陵。

正对着陵园大门的陵冢就是黄帝的安息之地。黄帝陵高4米，周长56米，为扁球形土冢。冢前有一块刻有"桥山龙驭"四个大字的石碑，意思是说这里是黄帝驾龙升天的地方。传说黄帝活了100多岁，天帝被他的丰功伟德所感动，于是派一条巨龙接他升天，臣民们不愿意黄帝离去，将他团团围住。巨龙驮着黄帝腾空而起，慌乱间人们扯下了黄帝的衣襟、靴子、佩剑。人们把黄帝的衣靴宝剑埋在这里，起土成冢作为纪念，这便是黄帝陵是衣冠冢的由来。

从黄帝陵，我们可以窥探到中国五千年历史文明的起源。不论是政治、经济，还是文化，黄帝都开启了中国古代发展的新篇章。我们中国人讲究饮水思源，不论现在的发展多么先进，都不会忘记曾经为中华民族的建立作出巨大贡献的先人。

第二节 世界第八大奇迹——秦始皇兵马俑

　　秦始皇陵位于临潼县城以东的骊山脚下，距离西安市 30 多公里。据史书记载，秦始皇嬴政从 13 岁即位时就开始建造自己的陵园。秦始皇陵由丞相李斯主持规划设计，大将章邯监工，修筑时间长达 38 年。秦始皇陵的浩大工程和宏伟气魄，开创了历代封建君主奢华厚葬的先例。当时，秦朝总人口约 2000 万，其中参加秦始皇陵修建工作的人就达到 72 万之多。修筑陵园所用的土取自今陵园以南 2000 米的三刘村。修筑陵园所用的石料取自渭河以北的仲山、峻峨山。由于当时技术落后，修筑陵园所用的材料全靠人力运到临潼，工程十分艰难。秦始皇陵土陵冢高 43 米，底边周长 1700 余米，筑有内外两重夯土城垣，象征都城的皇城和宫城。内城略呈方形，周长 3890 米，除北面开两门外，其余三面各开一门。外城为长方形，周长 6294 米，四面各开一门。

　　秦始皇兵马俑坑是秦始皇陵的陪葬坑，位于陵园东侧 1500 米处。未发掘以前，这里是一片坟地，当地农民在掘墓时曾经发现有像人一样的东西。1974 年 3 月，陵东的西杨村村民抗旱打井时，在陵墓以东三里的下和村和五垃村之间，发现了规模宏大的秦始皇陵兵马俑坑。经考古工作者的发掘，这些埋葬于地下 2000 多年的秦俑宝藏才逐渐出现在人们的视野中。

　　秦始皇兵马俑陪葬坑坐西向东，三坑呈品字形排列。最早发现的一号俑坑，呈长方形，四面有斜坡门道，左右两侧各有一个兵马俑坑，现在称为二号坑和三号坑。

　　　　　　　　　　　　　　　　　　　　　　　　　人文陕西　山水秦岭

秦始皇兵马俑陪葬坑，是世界上最大的地下军事博物馆。俑坑布局巧妙，结构合理，在深5米左右的坑底，每隔3米架起一道东西向的承重墙，以防止陵墓塌陷，兵马俑就有序地排列在墙间空档的过洞中。

一号坑东西长230米，南北宽62米，面积14260平方米，这是一个由步兵、车兵组成的长方形军阵。按照已经出土的陶俑、陶马的排列密度推算，一号坑可以出土6000多件兵马俑。俑坑最东端站立着三排武士，他们是军阵的前锋，由204名免盔束发、身着战袍的弓弩手组成。南北两侧分别是面向南北的武士，组成军阵的侧翼。俑坑的尾端还有一列面向西的武士，组成军阵的后卫。中间38路面向东的纵队是秦军的主力部队，由身披铠甲的步兵护卫着45辆战车组成，他们都手握兵器，严阵以待，威风凛凛，气势逼人。

二号坑面积6000平方米，可出土陶制兵马俑1300多件、木质战车89辆，这是一个由车兵、步兵、骑兵、弩兵联合编组而成的曲尺形军阵，这个军阵兵种多、车辆多、结构复杂。二号坑的内部精心构筑了战车方阵、骑兵阵、弩兵阵和车、步、骑混合方阵。弩兵阵位于整个军阵的东部前沿。这个方阵内四面环廊，站立172件立射俑，中心部位是160件跪射俑。这些张弓待发的弓弩手，一旦情况有变，可以立兵坐兵依次交换，轮番射击，使敌人无法逼近，增强战斗时的杀伤力。

< 兵马俑

三号坑面积最小，只有520平方米，全部发掘完毕，共出土陶俑68件、陶马4匹、战车1辆、兵器34件。三号坑的性质根据专家们的考证，可能是一、二号坑军阵的指挥部，当时的名称叫作"军幕"。

秦始皇兵马俑坑中发现的秦陵彩绘铜车马被誉为"奇中之奇，宝中之宝"。秦陵铜车马分为前后两乘，前面这辆车叫"高车"，后面这辆车叫"安车"。高车是兵车，主要起保护作用，总重量1061公斤，通长2.25米，通高1.52米。安车是主人乘坐的车子，总重量1241公斤，通长3.17米，通高1.06米。这两辆车主要用青铜铸造而成，并且配有大量的金银饰件，整个车、马、人都是当时按照秦始皇御用车队中的属车尺寸缩小1/2仿制而成的。

∧ 秦陵彩绘铜车马

铜车马上的铜马神态各异，造型生动，比例精确。马嘴微微张开，口中有 6 颗牙齿，说明这四匹马正处于精力充沛的青壮年时期。两乘铜车上的御官俑的形象更为逼真，他们面庞丰腴，英姿潇洒，从发丝、眉毛、睫毛到胡须都栩栩如生。

铜车马彩绘所用的颜色以蓝、绿、白三色为主，其中白色最多。除此之外，还有朱红、粉红、天蓝、黑色、褐色等。铜车彩绘的明显特征是全部绘在白底上。菱形、方格等几何纹饰是两乘车的基本图案。彩绘不但掩饰了铜车马在铸造时难以避免的砂眼、修补痕迹等缺陷，而且延缓了青铜的氧化过程。在青铜器上彩绘是秦代的一个创举，它标志着秦代已突破了殷周时代在青铜器上铸纹和战国时代金银错的局限，在中国美术史上谱写了一个新篇章。

两乘铜车马采用了铸造、镶嵌、焊接、铆接、子母扣连接等十几种工艺。铜车马上使用最广泛的连接方法是子母扣连接，也就是我们今天所使用的坦克、手表链的连接方法，像马笼头就是由一节金管、一节银管，采用子母扣榫卯连接而成。装饰的缨络采用了青铜拔丝法，青铜丝的直径只有 0.1–0.5 毫米。更为精湛的是安在车箱上的椭圆形蓬盖，面积 2.3 平方米，出土时已碎成 199 块，专家们在修复时发现，蓬盖上没有焊缝，也没有锻打的痕迹，说明它是一次铸造而成的，并且浇铸得相当均匀，最薄的地方 1 毫米，最厚的地方也只有 4 毫米。就是今天从事冶金铸造的专家看了铜车马车蓬盖之后，也对它的精湛技巧赞叹不已。秦陵铜车马是迄今为止考古史上发现的体形最大、结构最复杂、系驾关系最完整的一组典型的古代单辕双轮车，被誉为"青铜之冠"。

秦始皇兵马俑博物馆自开馆以来，已经接待了不计其数的海内外游客，目前这里正在建设一座以秦俑博物馆为基础，以秦始皇陵遗址公园为依托的秦始皇帝陵博物院。我们相信在不远的将来，它将以全新的面貌迎接四海友人的到来。

第三节　"雁塔题名"——大雁塔

　　到西安游览，就一定要去看看大雁塔。这座唐代古塔是古城西安的独特标志，古人曾留下"骊山晚照光明显，雁塔晨钟在城南"的诗句。作为关中八景之一的大雁塔高高耸立在西安市南郊慈恩寺内，距西安市中心约4公里，是我国的佛教名塔之一。

　　按照佛教的传说，最初的时候佛教有大乘与小乘两派，小乘佛教不忌荤腥。有一天，正值菩萨布施日，一座小乘寺院的和尚却买不到肉做饭。这时天空中一群大雁飞过，这个和尚望着雁群自言自语："今天僧房没

大雁塔 >

有肉吃，大慈大悲的菩萨一定不会忘记今天是什么日子的。"和尚刚说完这句话，就看见领头的大雁无故折断了翅膀坠地而死。全寺的和尚大惊失色，大家都认为这是菩萨显灵。于是，他们就在大雁坠地的地方建造石塔，并且从此不再食荤腥，改信大乘佛教。因此，所修建的佛塔就被称为大雁塔。

到了大雁塔，人们自然会想起唐代名僧玄奘，他是慈恩寺的第一任住持方丈。相传唐永徽三年（652年），著名高僧玄奘大师为了安置他从西域带回来的经书、佛像、舍利，奏请唐高宗允许，在慈恩寺西院，建造了大雁塔。大雁塔于当年三月开始建造，由玄奘亲自监工，历时一年终于建成。慈恩寺是大雁塔的前身。慈恩寺最初的名字是无漏寺，到了唐贞观二十二年（648年）高宗李治做太子时，为了纪念死去的母亲长孙皇后，下令在长安晋昌坊建造寺院，赐名"慈恩"。慈恩寺的北面正对的大明宫含元殿，是唐都长安最宏伟、最壮观的佛教寺院。

大雁塔在建造时共五层，高60米，砖表土心，后来塔心砖缝草木丛生，渐趋颓废。经武则天长安年间、唐玄宗天宝年间、后唐长兴年间几次改造，大雁塔比原先高了4.5米，还加了两层。底层是边长25米的正方形基座，每层四面都有门，塔内装有楼梯。塔底层的门楣上有精美的线刻佛像，尤其是西门楣的释迦牟尼说佛法图，甚为精致。塔南门东西两侧的砖龛内镶嵌有唐太宗李世民撰的《大唐三藏圣教序》碑和唐高宗李治撰的《大唐三藏圣教序记》碑。这两通碑刻都是唐代著名书法家褚遂良所写，是唐代碑刻中的精品。可以这样说，这座仿木结构的楼阁式方形砖塔，造型简洁，气势雄伟，有显著的民族特色和时代风格，是我国佛教建筑中不可多得的杰作。

大雁塔自建成至今，历代文人墨客、风流雅士都留卜了传诵千古的佳句。杜甫有"高标跨苍穹，烈风无时休"的赞语，岑参有"塔势如涌出，孤高耸天宫；登临出世界，蹬道盘虚空"的名句。诗人气势磅礴的描写与富有哲理的感叹，常常引起登塔人的共鸣。

知识小百科

雁塔题名

　　雁塔题名是唐代中期的风俗。当时凡新科进士及第，先要一起在曲江、杏园游宴，然后登临大雁塔，并题名塔壁留念，象征从此步步高升。据说这种风俗起初出现于唐中宗神龙年间，进士张莒游慈恩寺，一时兴致之所至，将名字题在大雁塔壁。其他进士从此纷纷仿效，进而被皇家推崇，演绎为"雁塔题名"。"曲江赴宴"和"雁塔题名"成为当时士子炫耀功名的荣光。他们呼朋唤友来到大雁塔下，推举善书者将他们的姓名、籍贯和及第时间用墨笔题在塔壁上，以后如果有人晋升为卿相，还要把姓名改为朱笔书写。

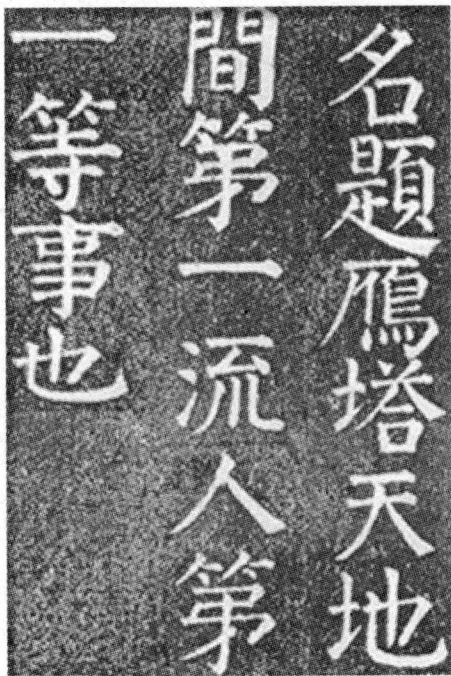

雁塔题名 >

人文陕西　山水秦岭

到了北宋神宗年间，大雁塔发生了一场火灾，塔内楼梯全部烧毁，这些唐代进士的题壁也因之消失。

明代时，陕西的乡试举人追慕唐代进士们"雁塔题名"之韵事，也相携到塔下题诗留名。这些字迹至今仍保留在塔门门楣和石框上，给古城西安留下了历史的余晖。名题雁塔在当时被誉为"天地间第一流人第一等事也"。

第四节　"晨钟暮鼓"——西安钟鼓楼

钟楼和鼓楼是古代中国城市的特有建筑。钟与鼓是中国出现的最早的打击乐器，距今有三千多年的历史。钟与鼓最初是用在祭礼、朝仪、娱神仪式中的礼器和乐器。大约自春秋时期，也就是公元前8世纪左右开始用于军事指挥。古代中国的城市兼有军事城堡的性质，除了城市四周要构建城墙，挖掘城壕，设置吊桥之外，还要在城市中心修筑钟鼓楼作为指挥中枢。平常以晨钟暮鼓报告时辰，定时开启和关闭吊桥，紧急状态时用来报告险情，指挥城防。这种严密的城市防御系统在明代发展到顶峰。西安是明代西北军政重镇，它的钟楼和鼓楼无论从建筑规模、历史价值或艺术价值来说，都居全国同类建筑之首。

钟楼位于西安市东西南北四条大街的交汇处，占地11260平方米，建筑面积1378平方米。钟楼建于公元1384年，最初建在西大街的迎祥观，距离目前的位置1000米左右。当时迎祥观是西安市的中心，但钟楼在建成200年后，随着城市中心的东移和城门的改建，形成了新的东、南、西、

西安钟楼 >

北四条大街，位于迎祥观的钟楼便日益偏离了城市中心。公元1582年，在陕西巡抚龚懋贤的主持下，将钟楼整体拆迁，移到今天的位置。根据钟楼碑文的记载，移建工程除重新建造基座外，木质结构的楼体全是原样原件。所以耗资不多，工程迅速。钟楼呈现出典型明代建筑艺术风格，楼高36米，重檐斗拱，攒尖高耸，屋檐微翘，华丽庄严。钟楼由基座、楼身和楼顶三部分组成。基座是正方形，每边长35.5米，高8.6米，全部用青砖砌成。基座四面正中各有一个高和宽都是6米的十字交叉券洞。楼身为正方形木质结构，边长22米，高26米，四面五开间，外面以回廊环绕，里面为二层楼，楼内有木梯盘旋而上。楼内上下两层正方形大厅里，陈列着明代以来各种名贵瓷器及红楠木家具，四面门上布满浮雕画，风格厚朴，画面生动。楼顶为四角攒尖结构，上面覆盖着碧绿色的琉璃瓦，顶端大圆顶高达5米，里面是木心，外贴铜皮，铜皮上再箔敷一层黄金，金光闪闪，辉煌灿烂。钟楼的西北角上陈列着一口明代铁钟，重5吨，钟边铸有八卦图案。这口钟建造于公元1465—1487年间。但它比钟楼早先悬挂的铜钟

要小得多。钟楼原先悬挂的巨钟是唐代景云年间铸造的景云钟，现在这口钟收藏于西安碑林。

　　与钟楼遥遥相对的鼓楼位于钟楼的西北方。鼓楼楼底门洞为南北向，北通北院门，南达西大街，距离钟楼只有250米。鼓楼建于公元1380年，比钟楼要早4年，与钟楼是姊妹楼，是我国现存同类建筑中规模最大、保存最完整的一座，与钟楼遥相呼应，成为西安市中心一道亮丽的景观。鼓楼的第一层北面有一面巨鼓，与钟楼上的晨钟形成暮鼓，所以称为鼓楼。鼓楼占地1999平方米，建筑面积1804平方米。楼体呈长方形，高33米，基座高8米。基座的门洞高与宽均为6米，洞深38米。鼓楼建筑为重檐歇山式，琉璃瓦覆顶。鼓楼分为上、下两层。南北檐下各有一块匾，每块匾重约3吨。南边是清乾隆皇帝御笔刻书的"文武盛地"。北面是咸宁县学士李允宽所书的"声闻于天"，典故是《诗经》中"鹤鸣九皋、声闻于天"，此匾笔力刚劲、潇洒，气势非凡。两幅巨匾画龙点睛，使鼓楼生机盎然，为这座古建筑增添了不少光彩。遗憾的是这两块悬挂了

我爱陕西

200多年的巨匾，在十年浩劫中已被毁坏。在鼓楼的外檐都饰有斗拱，四面有回廊。在鼓楼的三楼有14根红色显柱，24根隐柱交叉而立，里面挂有3只大宫灯，12盏中宫灯，16盏小宫灯。天花板上油漆彩绘云形图案，古色古香，十分美丽。1953年，国家拨款对鼓楼进行了大修，设立了文管所，精心保护，使鼓楼更加秀丽巍峨。现在，钟鼓楼交相辉映，使古城西安更加美丽壮观。

第五节　东方文化宝库——碑林博物馆

中国有四大碑林，它们分别在陕西、山东、四川和台湾，而陕西省的西安碑林博物馆，以碑石之多、价值之高，名列四大碑林之首。

西安碑林博物馆 >

西安碑林博物馆位于西安市三学街 15 号，是在原西安文庙和西安碑林旧址上建立起来的，是一座以西安碑林和古代石刻陈列为主，并进行综合陈列的历史文化宝库。西安碑林，以碑石丛立如林而得名，它始建于北宋元祐二年（1087 年），历经 900 多年的历史，是我国收藏碑石最早最多的艺术宝库。该馆藏石 3000 余方，现展出的仅是藏石的三分之一，分别陈列在 6 个碑廊、7 座碑室、8 个碑亭中。1961 年西安碑林被国务院公布为第一批国家级重点文物保护单位。

碑林博物馆的前院是文庙。文庙就是孔庙，因唐代封孔子为文宣王而得名。西安孔庙始建于宋徽宗赵佶崇宁年间（1102—1106 年），由唐长安国子监旧址，也就是今天的西安市西大街社会路一带，移建于此，历经元、明、清三代，屡屡修葺，依然保留着其巍巍雄姿。在博物馆门外的南墙上，有两个苍劲有力的描金大字"孔庙"，这是清末陕西著名书画家刘晖所写。墙根下那几棵古槐有人说是唐朝末年所植，距今已经 1100 多年，被称为太庙古槐。

穿过文庙，就来到闻名天下的西安碑林。在漫长的历史长河中，有许多有志之士为西安碑林的发展作出了巨大贡献。碑林的创始人是北宋龙图阁学士吕大忠，他亲自主持设计了以《石台孝经》、《开成石经》为主的碑林陈列格局。唐代的韩建是碑林的奠基人，他第一次把被人遗弃在郊外的唐石经迁移到尚书省之隅（今西安市西大街社会路）。五代的尹玉明也多次把石经迁入城内。韩建和尹玉明为碑林的建立奠定了基础。金元时期的任佐，捐钱筹划碑林整修工程；明代金石学家费甲铸为防止碑林拓印受损，镌刻充实碑林。还有民国政府监察院院长于右任，捐给碑林的《汉熹平石经残石》，使碑林第一次有了汉代碑石。这块汉代碑石，是目前发现的体积最大、字数最多的珍品。碑林经过志士仁人的保护和扩建，历经多年心血，才形成了今天的文化艺术宝库。

来到西安碑林广场，首先看到的是一座红柱绿栏双飞檐的碑亭。亭子中央悬挂的"碑林"两字传说是林则徐写的。亭内竖立着唐玄宗的《石

∧ 碑林石碑

< 四面造像碑

台孝经碑》，它是由唐玄宗李隆基亲自作序、注释并书写，由宰相李林甫、国子祭酒李齐古主持，于唐玄宗李隆基天宝四年（745年）镌刻而成的御碑。

　　进入西安碑林第一陈列室时，会有一种进入巨大的石质书库的感觉，这里陈列着中国目前仅存的一套最完整的十三经刻石。在印刷技术还不发达的唐代，为避免士子们在学习时传抄的错误，并能永久保存，特刻石经为范本，立于长安城务本坊国子监大学内。由于这套石刻经书刻于唐文宗李昂开成二年（837年），所以又称《开成石经》，其内容包括我国封建社会知识分子必读的《周易》、《尚书》、《诗经》、《周礼》、《礼仪》、《礼记》、《左传》、《公羊传》、《穀梁传》、《孝经》、《论语》、《尔雅》、《孟子》13部经书。前12经共114石、228面。每石高216厘米，宽83厘米至99厘米不等，共65.0252万字。因此，说它是世界上最重、最大的一部石书一点也不为过。

　　第二陈列室以唐代的书法名碑为主。其中有唐初书法家欧阳询写的《皇甫诞碑》，有小欧阳之称的欧阳询之子欧阳通写的《道因法师碑》，颜真

卿写的《多宝塔碑》和《颜氏家庙碑》，晚唐柳公权写的《玄奘塔碑》和长安弘福寺和尚怀仁集王羲之刻字刻成、世称"千金帖"的《大唐三藏圣教序碑》以及中外驰名的《大秦景教流行中国碑》等。

第三陈列室以汉至宋代的各种书法字体名碑为主。篆书有唐《美原神泉诗序》等，隶书有汉《曹全碑》等，楷书有唐《臧怀恪碑》、《郭家庙碑》、《颜勤礼碑》等，行书有唐《慧坚禅师碑》等，草书有隋《智永千字文碑》、唐《怀素千字文》、张旭《肚痛帖》等，都是驰名中外的书法瑰宝。

第四陈列室主要是宋至清代名书法家苏轼、黄庭坚、米芾、赵孟頫、祝允明等的诗文书迹，以及明清时期有珍贵史料价值的碑石。还有一部分宋至清代的线刻画，其中宋刻《唐太极宫残图》、《唐兴庆宫图》，清刻《太华山全图》、《关中八景》等，对研究古代建筑和旅游胜迹都有参考价值。

第五陈列室主要是宋、元、明、清各代的地方史料碑石，其中以清代居多。许多碑石记述了修庙、记功、拨田、赡学、修渠等内容，是研究当时社会和地方历史的资料，并且在书法艺术上也有一定的价值。

第六陈列室陈列的石碑，除少数是元、明人士的诗文作品外，大部分是清代的诗词歌赋。其中元赵孟頫、明董其昌、清康熙帝及林则徐所书的石碑等，都是难得的珍品。

北魏佛石刻碑 >

　　第七陈列室陈列的是清代用《淳化秘阁帖》复刻的碑石，共 145 方。石刻两面，有历代封建帝王、名臣及书法家的各种字体，更有王羲之和王献之的草书字，是不可多得的名碑帖。

　　石刻艺术室陈列了西汉至唐代的圆雕、浮雕、线刻等石刻艺术品 60 余种，是碑林博物馆把散存在陕西各地的大型石刻集中于此而建立的展室。

　　西安碑林博物馆拥有如此浩瀚的藏品，卓越的书法和艺术价值，丰富的文化内涵，不愧为"东方文化的宝库"、"书法艺术的渊薮"、"汉唐石刻精品的殿堂"、"世界最古的石刻书库"。

第六节　奇险天下第一山——华山

　　华山位于陕西省华阴市境内，北临渭水、黄河，东出潼关就是河南省、山西省，西有古都西安，东有古都洛阳，地理位置十分优越。华山是秦岭山脉东部的一个支脉，于 7 亿年前横空出世，自古有"西岳"之称。华山的五座主峰高耸入云，像一朵盛开的莲花，立于天地之间，神采奕奕，

< 朝阳峰

绚丽奇目。华山的五座主峰分别是东峰——朝阳峰、西峰——莲花峰、南峰——落雁峰、北峰——云台峰、中峰——玉女峰。其中，南峰最高，海拔 2160.5 米；北峰最低，海拔 1614.7 米。

华山以奇和险闻名于世。华山有"五大奇观"，即"奇石"、"奇树"、"奇水"、"奇洞"、"奇路"。华山石奇，因为这座山由一块完整的花岗岩经过地壳运动和风雨侵蚀形成了千姿百态的景致。华山树奇，因为许多古老而粗壮的松树或生长在石缝里，或生长在悬崖边上，历经数百上千年的日晒雨淋，依然不屈不挠，茁壮顽强地成长；而且许多树或像兄弟，或像姐妹，或像夫妻，表现出了极高内涵的人文精神。华山水奇，因为整座山态势陡峭，所以水流依山体而行，缓急相间，别有风味。华山洞奇，

< 莲花峰

我爱陕西

因为许多山洞隐藏在古林深处，山洞内的景象与外面截然不同，进入洞内就如同来到一个新的世界。华山路奇，因为要登上华山顶，只有一条路可以走，而且这条路非常陡峭，几乎与地面垂直，有些地方的路还悬在半空中，让人不寒而栗。

华山作为中国四大道家名山之一，有着深厚的文化底蕴。道教讲究清静无为，重视生命，厌恶死亡，寻求长生不老，认为修炼成仙便可以超脱于六道轮回之外，达到永生的境界。道教首创于东汉时期，源于殷商时期对鬼神的崇拜和战国秦汉时期对神仙的信仰，崇奉于地之神——仙人，追求理想境界——仙境。根据道家的说法，十大洞天中的"西玄洞天"或三十六小洞天中"总真洞天"都在华山。华山上有许多道观遗址，上山的道路大多是道士们开辟的，依山开凿的石洞是古代道士们修炼的场所。总而言之，华山与道教的渊源，并非三言两语可以言尽的。

在踏入华山的登山道之前会经过一座著名的道观，这就是玉泉院。玉泉院是我国北方一座著名的全真道观，也是中国道教活动的主要场所之一。玉泉院初建于1049—1051年，是道士贾得升为师傅陈抟所建，道观经历过多次的破坏和多次的重新修缮，到了明清才有现在的规模。玉泉院又名希夷祠，因宋太祖赐陈抟号"希夷先生"而得名。玉泉院内的建筑分为前殿和后殿两大部分，前殿供奉的是道教华山派的创始人郝大通。殿外立了许多碑，其中有各朝各代的文人墨客歌颂华山的诗碑、华山全图碑和宋代

落雁峰 >

陈抟

陈抟（871—989年），字图南，号扶摇子，赐号希夷先生。汉族，老子故里亳州真源县（今河南鹿邑县太清宫镇陈竹园村）人，五代宋初著名道教学者、隐士。陈抟继承汉代以来的象数学传统，并把黄老清静无为思想、道教修炼方术和儒家修养、佛教禅观会归一流，对宋代理学有较大影响，后人称其为"陈抟老祖"、"睡仙"、希夷祖师等。隐于武当山九室岩，移华山云台观，多著述。陈抟是传统神秘文化中富有传奇色彩的一代宗师，据说，他一觉能睡八百年，当地把懒惰爱睡觉的人俗称"陈抟爷"。

书法家米芾书写的"第一山"。前殿门楣上悬挂的"古松万年"四个大字由清光绪皇帝所题。后殿供奉着陈抟的坐像。

穿过玉泉院，下一处著名景点为"上天梯"。上天梯因其尽头是日月崖而得名。古时候，这里东边是深渊，西边是危崖，梯下回旋之地仅有一线。

< 云台峰

上天梯 >

原来这里只有一道天梯，1985年又新开辟了一条复道，减少游人的等待时间。这里虽然险，但只有丈余高，所以不仅不觉险峻，反而增加了游览的情趣。崖的中部有道士贺志真开凿的"金天洞"，还有"王母宫"和"三元洞"。"三元"，也被称为"三官"，是指尧、舜、禹三人。尧被称为天官，舜被称为地官，禹被称为水官。洞里所供奉的三人塑像，被称为"三官大帝"。

再往前走就是苍龙岭。苍龙岭是华山峪和黄甫峪的分水岭，因岭脊青黑、蜿蜒盘旋，像是苍龙腾空而起，故而得名。苍龙岭两旁的山谷，深不见底，看着远处的青松白云，听着呼啸的风声，令人心惊目眩，不敢俯视。苍龙岭脊上下高差约500米，坡度在45度以上，有石阶355余阶，古诗云："不有神功开鸟道，应无人迹到天门"的描写。

从苍龙岭再往上攀登就来到了关中八景之首的华岳仙掌。相传，古时候山西的首阳山和华山是连着的，黄河水流到这里就被两座山挡住了，因此，在华山下的华阴、潼关、朝邑等县，便成了一个湖泊。后来，河神巨灵脚蹬首阳山、手推华山，将两座山推开，形成一条峡谷，黄河水便从这峡谷中向东奔流而去。巨灵神的手掌印留在这块峭壁上，后人把它称之为"仙掌"。

人文陕西　山水秦岭

哭和笑的故事

正是因为苍龙岭如此之险，历史上还曾发生了与哭和笑有关的趣事。唐朝韩愈被贬为潮州刺史，赴任途中到华山游玩。当从山顶下到苍龙岭时，因害怕而不敢下来，便放声痛哭，还写了遗书，扔下山谷。遗书被当地村民捡到，他们告诉了华阴县的县令，县令派人去接，韩愈才从苍龙岭下来。后来，山西赵文备百岁游山到苍龙岭，想起当年韩愈的胆怯，于是大笑不止。清代李柏登山至此，想到前人一个哭一个笑的故事，便作诗一首："华之险，岭为要。韩老哭，赵老笑，一哭一笑传二妙。李柏不哭亦不笑，独立岭上但长啸"，写出了他不畏艰险的英雄气慨。

再往前走就是华山著名的关口金锁关。在金锁关前有一块石头，叫锦鸡守玉函。这里有一个传说故事：相传，华山有个道士阴长生把点石成金的秘诀放在玉函里，派锦鸡来把守，天长日久，鸡和玉函就化为石头，现在匣子的盖虽然已经脱落，但没人能够挪动它，所以，点石成金的秘诀也就成了永恒的秘密。当年汉武帝分封西岳华山的山神就是主管分发天下金

< 苍龙岭

银财宝的，也就是财神，有这样一个与财富有关的故事正好印证了华山主金之说。金锁关又叫通天门，是通往华山"天外三峰"的咽喉。经过通天门，前面就是中峰，也叫玉女峰。玉女峰面积不大，但景色极其幽雅，是供游人休息的好地方。

玉女峰往前走，有一石亭，名叫引凤亭，传说是萧史和弄玉乘龙跨凤飞升之处。攀上陡峭的云梯，就是来到了东峰朝阳台。这里是华山的第二高峰，海拔2090米，这里有观日出最佳的地方"朝阳台"。每天清晨，朝阳台上站满了游人，他们目不转睛地注视着东方，专心等待着一轮红日从地平线上升起。华山日出的景象非常美丽，能在游览时观看到日出，可以说是登上华山最惬意的收获。

从朝阳台往前就是鹞子翻身。因为这里崖高十余丈，通过的时候需要手攀铁索，脚踩石窝，附壁而下，到路的尽头，还得侧足转身，故称鹞子翻身。鹞子翻身是华山的第二险，穿过鹞子翻身就是下棋亭。关于下棋亭的来历还有一个传说。相传，下棋亭是宋太祖赵匡胤年青时和高道陈抟赌棋输华山的地方，当时，赵匡胤输了，他承诺一定会把华山给老道士的。后来赵匡胤成为皇帝，就把华山分封给了陈抟老祖。

穿过下棋亭就到了华山的最高峰，海拔2160.5米的落雁峰。站在这里往东看是华山的松桧峰，松桧林立，蔚然独秀；往南看是三公山、三凤山；

华岳仙掌 >

人文陕西　山水秦岭

往西看是孝子峰，传说当年沈香到华山寻母，因为一时间找不到母亲，曾在此放声大哭。松桧峰、落雁峰、孝子峰三峰相连，像是一个盘腿而坐的老人。南峰顶有一个仰天池，池中水久旱不涸，久涝不溢，形成一大奇观。另外，这里也是书法石刻最集中之处，"顶天立地"、"沐浴日月"、"峻极于天"等石刻，均从不同的角度突出了南峰之高。

"不到长城非铁汉，未登华山枉入秦。"华山的独特，非寥寥数语可以描绘，要置身于华山之中才能体会到这别具一格的美景。

第七节　"骊山晚照"——骊山

"骊山云树郁苍苍，历尽周秦与汉唐。一脉温汤流日夜，几抔荒冢掩皇王。"这是著名学者、诗人郭沫若先生对骊山胜景及其历史地位恰当而准确的概括。在陕西境内，骊山险峻不及华山，绵亘不如太白，陡峭不如

骊山兵谏亭 >

龙门，但却以"秀"而闻名于世，因此又名绣岭。今天人们习惯上把骊山分为东、西绣岭，西绣岭上主要有烽火台、长生殿遗址、晚照亭、老母殿、老君殿、兵谏亭、三元洞等景点；东绣岭主要有上善湖、七夕桥、上德苑、达摩洞、举火楼、石瓮寺、石瓮瀑布、鸡上架、遇仙桥、秤砣石等景点。

进入骊山首先看到的是兵谏园。兵谏园是为纪念西安事变65周年，弘扬张学良、杨虎城两位将军的爱国主义精神而建。园内有与西安事变有关的飞机、火炮、汽车、装甲车等兵器。西安事变浮雕再现了西安事变的历史过程，是迄今唯一全面反映西安事变史实的浮雕，于2004年12月12日——西安事变68周年时对外开放，成为我们回顾历史的生动教材。

穿过兵谏园，就是关中八景之一的"骊山晚照"。映入眼帘的这座重檐钻尖顶方亭就是取自"骊山晚照"之意的晚照亭。它建于1981年，从这里可以鸟瞰华清池、东花园、临潼全景和渭水。据记载，每当雨过天晴，云开雾散的时候，骊山就像是一匹青色的骏马，青翠欲滴，清晰可见，在落日的映照下好像披上了一层迷人的橘红色，显得流光溢彩，妩媚动人。相传，这样的美景，只有有缘人才能看到。这就增加了骊山晚照的朦胧之美。关于骊山晚照有两首诗最为著名，一首是明代诗人刘储秀所写的"由来骊山多奇峰，一望岚光翠且重。复此斜阳相映处，红云朵朵照芙蓉。"

<晚照亭

另一首是清代名士朱集义所写的"幽王遗没旧荒台，翠柏苍松绣作堆，入暮晴霞红一片，疑是烽火自西来。"现在，我们只能从这些诗文的意境中去体味骊山晚照的夺目和辉煌了。

坐落在骊山第二峰的老母殿是为了纪念传说中中华民族创始人女娲而建的。相传女娲"抟黄土做人"，创造了人类，又在骊山炼石补天，劳苦功高，后世人尊她为"骊山老母"。她死后，人们将其葬于骊山之阳（今蓝田县境内），在骊山上修女娲祠以示纪念。每年农历六月十三日，四方群众都会携带床单干粮，晚上露宿骊山，祭祀老母，这个风俗被称为"单子会"。现在逐渐成为一种附近居民的欢乐节。庙会期间，寺前庙后，人头攒动，十分热闹。这里也是骊山一个最佳观景点，从这儿远眺，重山叠障，苍翠欲滴，使人感觉神清气爽，犹如置身于世外桃源。

穿过老母殿就来到了老君殿。老君殿始建于唐代，唐高宗李治因老君姓李，且为道教始祖，认为与其同宗，于是对老君十分崇敬，还把老君认作先人，给上了封号。相传唐玄宗到华清宫游玩时，曾两次做梦梦到老君

我爱陕西

降临阁内，因此又把老君殿称为"降圣阁"或"朝元阁"。老君殿里以前供奉的白玉老君像，是唐代西域著名雕像家元迦儿的杰作，玉像造型细腻，刀法简练，神态逼真，充分显示了我国古代人民无穷的智慧和丰富的想象力。后来，由于安史之乱，华清宫被焚，这座精美的石雕艺术品的正身和莲花座均被烧裂，双手还被道人盗走。后来，人们又重新刻了一副木手嵌在老君像的手腕下。现在老君玉像保存在陕西省博物馆内。

经过晚照亭向西，就来到了三元洞。三元洞北面与华清池相接，是从西门登山的第一站。这里有几孔清净幽雅的窑洞，洞内奉祀着道教所尊的"天官、地官、水官（玉皇大帝、土地爷、大禹）"三元，故称三元洞。三元洞的奇特之处在于，洞内有 5 个茶杯口粗细的天然通风圆洞，深不见底，昼夜生风，春夏风向外吹，秋冬风向里吹，这种天然景观令人叹为观止。

骊山晚照 >

人文陕西　山水秦岭

"渭水秋天白，骊山晚照红。"每当夕阳西下，骊山在落日斜阳里红霞万状尤显壮观。

第八节 "不尽温柔汤泉水，千古风流华清宫"

华清池位于西安市城东 30 公里处的临潼，南依骊山，北临渭水，内有自然造化的天然温泉。

根据历史文献和考古发掘的资料证明，华清池已有 6000 年的温泉使用史和 3000 年的皇家园林建筑史。早在 6000 多年前，华夏祖先就在这天赐之水的滋润下，繁衍生息，创造出灿烂辉煌的史前文明。早在 3000 年前的西周时期，周幽王就在此修建了"骊宫"。周王朝以后，历经秦始皇的"骊山汤"、汉武帝的"汉骊宫"、唐太宗的"温泉宫"，到了

< 华清池

唐代第七位皇帝唐玄宗李隆基时，在以前宫殿的基础上充分发挥地理上的优势，依骊山的山势而筑，环山列宫殿，宫周筑罗城，并修有登山的夹道和通往长安的复道，把这里同长安的大明宫、兴庆宫连为一体。747年，新宫建成后，李隆基赐名华清宫。因为华清宫内多温泉浴池，所以又名"华清池"。

华清池见证了唐玄宗李隆基与杨贵妃的爱情罗曼史。杨贵妃原名杨玉环，生于718年，唐代蒲州永乐（今山西永济）人。从小跟随叔叔在河南长大。她天资聪颖，通音律、善歌舞，与西施、昭君、貂婵并称中国古代四大美女。735年，杨玉环被册封为唐玄宗第十八子寿王李瑁妃。737年，唐玄宗的宠妃武惠妃去世，玄宗伤心不已，整天闷闷不乐，纵然后宫佳丽三千，却没有一个入得了帝王眼。洞悉玄宗心思的高力士便暗自派人在宫外搜寻美人。740年，高力士发现了美若天仙的寿王妃杨玉环，便设计使玄宗看中了杨玉环。为了掩人耳目，玄宗命人把寿王妃召入宫中的道观，赐道号太真，这样一来就解除了李瑁与杨玉环的夫妻关系。745年八月初六唐玄宗正式册封杨玉环为贵妃。因唐玄宗通音律，而杨玉环善歌舞，两人在感情志趣上情投意合。在当时杨玉环可谓是"后宫佳丽三千人，三千宠爱在一身"。

华清池的大门是一字排开的五间仿唐建筑，房檐下悬挂着一代文豪郭沫若提写的"华清池"三个鎏金大字的匾额。

进入大门首先来到的是唐华清宫梨园遗址。这里是唐玄宗与杨贵妃教习梨园第子演练歌舞的场所，因此，华清宫梨园又称为随驾梨园。

正对着大门的宏伟的仿古建筑是飞霜殿。唐朝时期的飞霜殿，是唐玄宗与杨贵妃到骊山游玩时所使用的寝殿。相传此殿建成的时候，正好是冬天，漫天飞舞的雪花，还没落到地面就被大殿四周温泉的热气蒸腾到空中，落雪为霜，因此得名"飞霜殿"。

沿着飞霜殿的西边往南走就来到了龙石舫。舫的形状和舟很相，建造于水滨，为的正是在"舟自横"中，突出"野渡无人"的境界，这也是中

九龙湖的传说

相传大禹治水时，关中地区大旱，玉帝就派一条老龙带着八条小龙到人间普降甘露，缓解旱情。下过几场雨后，当地的旱情有所缓解，但是，因为八条小龙贪玩，导致旱情进一步恶化。玉帝盛怒之下，把八条小龙压在长堤之下，长堤东西两侧各压晨旭亭和晚霞亭，以防止小龙逃跑；将老龙压在龙吟榭下，让他监视八条小龙终日口吐清泉，为民灌田，以弥补当初贪玩犯下的大错。

国古代园林建筑中最富情趣的一种设计方式。沿着九曲回廊再往前走，就会看见九龙湖。

再往前走就是华清宫御汤遗址博物馆。唐御汤遗址发现于1982年4月，经过考古工作者八年的发掘考证，在4000多平方米的遗址区内清理出"海棠汤"、"莲花汤"、"星辰汤"、"尚食汤"、"太子汤"五组汤池遗址和众多的文物遗迹。1990年9月，在汤池遗址的基础上建成了我国目前唯一的皇家汤池遗址博物馆。

海棠汤又名芙蓉汤，俗称贵妃汤。始建于747年，由于汤池平面像一朵盛开的海棠花，故得名海棠汤。海棠汤的设计体现了唐代人巧妙的设计和超凡脱俗的构思，一方面用海棠花的艳丽来衬托杨贵妃的娇美；另一方面用海棠花的造型形象地比喻杨贵妃丰腴的形体。汤池的池壁由24块墨玉（即青石，经打磨后通体釉黑，为皇家上等贡品）拼砌而成，汤池东西长3.6米，南北宽2.9米，东西两侧分别设有一组踏步便于上下，充分体现出唐代建筑艺术中对称协调的美学观念。

莲花汤是专供唐玄宗李隆基沐浴用的，是唐华清宫御汤遗址中最有气势、最具有代表性的汤池，也称"御汤九龙殿"。宫殿建筑面积达400多平方米，有内外殿之分。御汤可储水近100立方米，充分显示出唐代追求恢宏大气的社会风尚。莲花汤造型奇特，上下两层台阶不同的造型是唐代工匠创造性审美取向的结晶，上平面四角有一定的曲线变化，呈写实的莲花状；下平面为规范的八边型，八边代表着大地的八个方位，取"普天之下，莫非王土"之意。这座汤池无疑是唐代礼制设计师煞费苦心的创作，也深刻地反映出唐玄宗对人间现实的肯定和感受、憧憬和执著。

星辰汤建于644年，专供唐太宗李世民所用，原名"御汤"，占地面积100多平方米，是目前国内发现的最大的御用汤池。池底的石构面由冰裂状斗合铺砌，汤池分斗池和魁池两部分，平面呈北斗七星状，汤匙的南壁设计成凹凸规则的山形，而北壁则为圆滑有序的川形，整个汤池的设计是阎立德根据唐代礼制规定，再结合天空星象、二十四节气，即天、地、人三位一体的理念设计建造的。星辰汤离温泉水源最近，水质最好，地理位置最优越。泉水因自然漫溢涌入汤池形成了现代的自流水及冲浪浴的沐浴方式，更吸引了多位皇帝在此修建汤池。在1982年修复过程中，考古工作者又考证出在星辰汤的底部叠压着秦始皇的骊山汤和汉武帝的汉离宫，并在文化层中出土了中国史上最早的皇室配套浴

御汤 >

人文陕西　山水秦岭

具——陶瓮、陶鉴和我国考古界目前发掘的唯一的木门，为研究秦汉沐浴文化提供了佐证材料。

此外，在华清池的石刻碑室内还陈列着文人墨客赞美华清池和温泉水源的颂词。最著名的一块碑石是北魏时温州刺史元苌书写的《温泉颂碑》。元苌当时来华清池向皇帝启奏一些政事，有一个大臣赐他在温泉中沐浴，当时他下的池子等级虽然不高，但是他洗过以后，感觉非常好，马上写下一篇颂歌刻在碑石上。这块碑石距今已有1370年，是我国132块禁拓碑之一。此外还有唐太宗李世民书写的《温泉铭碑》，以及毛泽东书写的《长恨歌》等。

昔日的皇宫禁苑，天子御汤，今天已经成为融风景园林、文物遗址、温泉沐浴于一体的综合性的旅游胜地。正如郭沫若吟诗所咏："华清池水色清苍，此日规模越盛唐。不仅宫池依旧制，而今民庶尽天王。"

第九节　关中塔庙之祖——法门寺

法门寺位于扶风县城北10公里的法门镇，西距西安市120公里，东距宝鸡市96公里。法门寺自古以来，就因为里面安置有释加牟尼的指骨舍利而名扬四海，所以被华夏王朝拥戴，而成为我国最早的四大佛教圣地之一。

法门寺文化景区依托法门古寺而律，景区由山门广场、佛光大道、法门寺寺院、合十舍利塔以及众多艺术佛像、园林雕塑小品等几部分组成，全面展示了佛教文化在哲学、政治、艺术等方面的成就，彰显了中华民族灿烂的历史文化。

山门广场位于法门寺文化景区的入口。山门及两侧回廊的设计方正、简洁，与围合的广场融为一体，体现了佛学的包容与中华传统文化"海纳百川，有容乃大"的胸襟。山门东西两侧栽植了天树 25 棵，地树 30 棵。树种为银杏，棵棵银杏粗壮挺拔，枝繁叶茂。因为银杏被尊推为我国的国树，在凡人世界中是"活化石"，所以这些银杏树也蕴含了希望佛法在中国再次发扬光大，普照众生的宏伟愿望。

从山门广场到法门寺院要穿过佛光门、般若门、菩提门、圆融门，再经过佛光大道。佛光大道长 1230 米，宽 108 米，代表着从世俗的凡世走向成佛之路的修行过程。佛光大道是整个景区的景观主轴。远远望去，佛光大道清净庄严，南低北高，直通合十舍利塔。这种南低北高的落差，正好给人一种朝圣之感，同时也体现了人们为了信仰绝不言弃，勇于攀登，境界不断升华的过程。

法门寺院位于佛光大道中段偏北的东侧。说法门寺是佛门圣地有两个原因，一是根据地理阴阳学家的说法，这座寺庙披小带河，负阴抱阳，

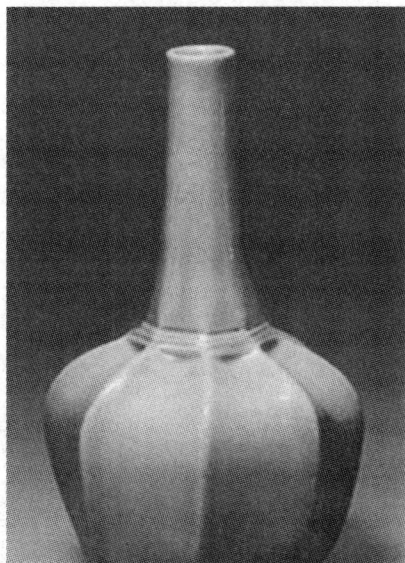

秘色瓷器 >

气聚而不散，体现了天人合一的思想，有助于僧人们在青山白云，流水清泉中悟道成佛；二是寺院经历了佛教在中国传播兴盛衰微再光大的全过程。正是由于这座寺院令人惊叹的历史，才有了今天蔚为壮观的法门寺文化景区。

法门寺真身宝塔，是1987年重修而成的，法门寺因舍利建塔，因塔成寺。佛典中记载，公元前485年，释加牟尼圆寂，印度摩揭陀国孔雀王朝阿育王皈依佛教，为了使佛光远大，将佛祖骨分成八万四千件，分别藏于世界各地，并建成八万四千座佛塔。我国有19座佛祖舍利塔，法门寺塔是其中的第五处。所以最初的法门寺叫阿育王寺，法门寺塔叫阿育王塔。

法门寺始建于东汉，寺因塔建。到了唐代时，唐太宗在这里重修了一座四级木塔供养佛指舍利。唐代所建的木塔在明代隆庆年间崩毁，在明代万历年间，由法门寺僧人化缘重修了一座8棱13层的砖塔，可是在1981年塌掉了一半。1985年，当地政府为了重修这座塔，人工拆除塌了一半的半边残塔，1987年在清理塔基准备重建时意外发现了地宫，出土了四枚释加牟尼佛指舍利和2499件唐代的皇室瑰宝。法门寺一夜之间成为全世界瞩目的焦点。

< 法门寺地宫

法门寺地宫宝藏 >

　　法门寺地宫总长 21.2 米，面积 31.84 平方米，是迄今为止国内发现的
规模最大的寺塔地宫。地宫所发现的 4 枚佛骨更是最令人瞩目。第一枚舍
利藏在后室的八重宝函内，长 40.3 毫米，上下俱通，竖着放在刚一进塔的
基银柱上。第二枚舍利藏在中室汉白玉双檐灵帐之中，形状与第一枚相似。
第三枚舍利藏在后室秘龛五重宝函的白玉棺内，管状，长 37 毫米，白中
泛黄。第四枚舍利藏在前室彩绘菩萨阿育王塔内，色泽形状与第一、二枚
相似。经鉴定，其中第三枚是灵骨，即佛祖的真身指骨，其余三枚为影骨，
是唐皇帝为保护真骨而命人仿制的。但在佛教徒的眼中，影骨也是圣骨，
与灵骨具有同等的意义。

第十节　中国第二大瀑布——壶口瀑布

　　有"黄河奇观"之称的中国第二大瀑布——壶口瀑布，位于宜川县城
东 48 公里的大峡谷中，它是黄河上唯一的黄色大瀑布。以壶口瀑布为中

<黄河壶口瀑布

心的风景区，集黄河峡谷、黄土高原、古塬村寨为一体，展现了黄河流域壮美的自然景观和丰富多彩的历史文化。

壶口风景区神奇壮丽、变幻多姿的自然景观和人文景观，可以概括为"壶口十大景"。第一景叫天河悬流。黄河穿千里长峡，滔滔激流直逼壶口，突然束流归槽，形成横崖千尺，悬水奔流，山飞海立，风雨迷离，惊天动地的河瀑奇观。仰观水幕，滚滚黄水从天际倾泻而下，势如千山飞崩，四海倾倒。第二景叫冰瀑银川。冬天的时候，冰封雪冻，瀑布挂满冰凌，银装素裹，别有一番风味。春天的时候，黄河解冻，冰凌崩落，冰块中小的像牛一样，大的像屋子一样，崩落时山崩地裂，异常壮观。第三景叫黄河惊雷。宜川民谚道："一里壶口十里雷。"黄河在峡谷中穿行，汹涌的波涛如千军万马，奔腾怒吼，声震河谷，当瀑布飞泻，反复冲击岩石和水面时，产生巨大的声响，在山谷中回荡，恰如万鼓齐鸣，旱天惊雷，声音可以传到十里之外。第四景叫彩虹飞渡。古人诗云："水底有神掀石浪，岸旁无雨挂长虹。"每逢日出时分，壶口上空便有彩虹飞架，五彩斑斓，仿佛仙桥一般。有时候，彩虹呈弧形从天际插入水中，就像一条飞龙低头喝

我爱陕西

174

水；有时候，彩虹呈通直的彩带横在水面，像是架起的一座彩桥；有时候，彩虹在浓烟腾雾中花团锦簇，五光十色，飘忽不定，扑朔迷离。第五景叫壶底生烟。古诗云："收来一壶水，放出半天云。"黄河水在壶口湍流而下，激起团团水雾腾空而起，如同壶底生出的黄色烟雾，十数里外都可以看见。第六景叫十里龙槽。传说大禹治水时，曾经有神龙相助，劈出一道石槽，疏导洪水，就形成了今日的"十里龙槽"。由于瀑布水流巨大的冲刷力，在坚固的岩石上冲出一道狭长石沟，槽旁原河床的大部分是非洪水期的河岸，这种河岸宽且平，近水处几乎没有一点砂石，平坦得可以在上面行车。第七景叫卧镇狂流。从秦晋交界的黄河大桥朝下望，河水冲出的龙槽豁然开阔，水面渐宽处，一块巨礁屹立河心，俯视如门，侧看如舟，仰视如山，其实是黄河中的一个小岛。它雄踞中流，划开河水，那就是传说中"山石为禹所凿"的孟门山。相传大禹治水时，先在这里凿开了第一个阻挡洪水的"龙口"暗洞，命名为孟门。第八景叫孟门夜月。传说古代有位州官奉调入京，那时陆路尚不发达，他只好乘船沿黄河而下。船到孟门山下，天色已晚，就靠岸停泊。晚上，他登上孟门山，观赏这黄河小岛上的夜景，只见明月高悬，映入河中，虚虚实实，分外好看。他在山上踏月观景，情趣盎然，便吟出"山随波影动，月照浪花浮"的诗句。回船入睡后，又梦见了明月入舟。第二天早晨幕僚为他解梦，其中有一人说："孟门乃龙门之上口，梦月入舟为鲤鱼跃龙门之吉兆。"后来，这位州官果然应验升迁。据说，巨石上的四个大字就是由他亲笔书写，命人刻上去的。因此，民间还把这个孟门山叫做梦梦山。第九景叫石窝宝镜。在壶口两边石岸上，分布着无数个大小不一，形状各异的石窝。民间相传，这些石窝是当年大禹治水时留下的马蹄踪，故又称"石臼仙踪"。其实这些石窝水洼并非人工所凿，而是经洪水激流数千年来冲击石块盘旋磨蚀而成，因此，每个坑从坑沿到坑壁都光滑无比，而且每个石窝里都有一个圆形石头。明代有人做诗赞曰："河底有天涵兔影，山间无物掩蟾光。因其孟门开宝镜，嫦娥向晚理残妆。"第十景叫旱地行船。这是壶口地区独有的航运方式。壶口瀑布落差大，加之瀑布下的深槽狭长幽深，水流湍急，给水上船只通行带来很大的困难。因此，过去船只行到壶口就要卸下货物，换用人担、畜驮的方法沿着河岸运到下游的码头。同时，空船上岸，人们拖着空船在河岸上前进，到壶口下游水流较缓处，船再入水载货，下行到禹门口连货带船一起卖掉，船工由陆路返回上游。

由于自然生态的原因，黄河水色黄浊，与周围高原峡谷的环境构成和谐的自然美。黄河岸线曲折，河面形态开合多变，枯水期、常水期和丰水期水量不同，又形成不同的空间感受。黄河穿行于秦晋峡谷之中，被两侧陡崖石岸所束缚，激发出迥异于中原河道的壮丽景色，那"不放黄河走，层层锁石门，架空崩雪浪，夺滥战乾坤"的豪迈气势，给人以人定胜天的强烈感受。

第七章

腾飞的新陕西

古代中华文化的发源地；近代中国革命的根据地；当代中国大学教育和科学文明的传播地；维护中国国家安全的现代军事工业聚集地；未来支撑中国经济可持续发展的能源重化工产业大基地，这是陕西全方位开放的立体图像。

∧ 20世纪上半叶，延安在中华民族历史上写下了辉煌的一页

改革开放以来，陕西省解放思想，拨乱反正，深化改革，扩大开放，全省各项事业取得了巨大成就。在中国改革开放经济发展的版图上，陕西省是我国社会主义初级阶段的欠发达省份，经济发展相对滞后，但又具有巨大的后发优势。在中央"西部大开发"的号召下，陕西省确定了"以实施西部大开发为主线，全面带动改革开放和现代化建设"的指导思想，着重抓好"一带"（关中高新技术产业开发带）、两城（杨凌农科城和阎良飞机城）、三个基地（能源化工基地、教育科研基地、节水旱作农业基地）、四大特色产业（高新技术产业、旅游业、果业、军工产业）、五个战略（开放带动战略、科教兴陕战略、城镇化战略、可持续发展战略、精品战略）、六大工程（山川秀美工程、道路空港工程、城乡电网建设改造工程、水利设施工程、汉江综合开发工程、信息港工程），努力实现陕西省经济跨越式发展和社会全面进步。

新时期陕西对内对外全方位开放，将紧密围绕和突出五大板块：古代中华文化的发源地；近代中国革命的根据地；当代中国大学教育和科学文明的传播地；维护中国国家安全的现代军事工业聚集地；未来支撑中国经济可持续发展的能源重化工产业大基地，这是陕西全方位开放的立体图像。

一、古代中华文化的发源地

习近平主席提出"丝绸之路经济带"，给陕西旅游业发展带来新的契机。古代中华文化的发源地，是陕西全方位开放的"基石"和"本钱"。这一个板块在全国乃至全世界具有强烈的不可替代性和不可复制性。陕西的西安，尤如俄罗斯的彼得堡、美国的费城、法国的马塞、日本的京都，都是一国的精华所在。这些城市在各自国家全方位开放中的地位都是独一无二的，陕西着力宏扬中华文化意义上的对外开放，在中国国家全方位开放中具有极为重要和特殊的意义。被誉为世界八大奇迹之一的秦始皇陵兵马俑，每年吸引无数中外游客参观游览，成为我省旅游行业的一个重要窗口。随着赴陕旅游的人数的逐渐增加，陕西旅游强省的实力不断显现。

二、近代中国革命的根据地

如今"红色精品旅游"已成为国家经济发展新政，在追思革命先烈丰功伟绩中孕育商机无限，全国各省各地是闻风而动趋之若鹜。那么，选择这样一个良好时机，在陕西全方位开放中精心打造这样一个板块，在政治和经济上可谓一举两得：政治上重在挖掘一种精神。追根溯源，中国革命之路自井冈山走来，步入宝塔山下，经西柏坡长驱北京，这正是破除迷信、不唯书本、思变求通、开放进取精神的真实写照。延安精神印证了我们党坚忍不拔，忍辱负重，养精蓄锐，处绝地而不消沉，陷逆境而不气馁，经困苦却炼斗志，虽先发不利但谋后动而制胜，以小敌大，以弱胜强，终成大业。如今虽是太平盛世，但在全球化和全方位开放中，以中国对世界，以陕西比全国，天下大势与谋略决断倒与历史有几分相似。在经济方面，

< 延安枣园毛泽东旧居

我爱陕西

打造"红色旅游经典景区",推出"红色旅游精品线路",以及开放"红色旅游珍藏礼品";加之与红色旅游相配套的吃、住、行、购、娱服务以及景区联动历史文化人文古迹游等等,确实是大有潜力可挖的。

三、当代中国大学教育和科学文明的传播地

陕西的城市尤其是西安,长期以来拥有大专学校的数量就仅次于北京和上海,专业门类齐全,学科特色纷呈,教育环境优良,堪称国内一流,已经形成了完整的教育产业链,牢据国内大学教育的"制高点",占尽发展的先机和优势。"十年树木,百年树人",陕西,奉献自己最好的家园为天南海北的学子们搭建了成长的"摇篮",几十年如一日向全国各地输送了百余万精英,创造的财富数不胜数。陕西是名副其实中国改革开放人才资源的上游和输出地,是现代科学文明的传播地,处在中国全方位开放价值链的最前端。在中国已发射的卫星中,绝大部分的火箭发动机为航空航天工业总公司陕西某基地提供,火箭发动机成功率为100%,为航天史上的奇迹,因而陕西被誉为"航天动力之乡"。

四、维护中国国家安全的现代军事工业聚集地

在陕西的生产力及工业布局中,现代军工产业非常发达,无论是厂房、设备、人员,还是产品、研发、市场,都是比较完备、先进和居前的。纵向是中央垂直管理运作,横向和陕西密集交织;大到各类生产要素及资源优化配置,各级政府直辖市支持;小到儿女教育、就业、安置,甚至"柴米油盐酱醋茶"桩桩杂事,哪一个军工企业不是生生息息在陕西这块土地上。陕西的现代军事工业布局、聚集与有效运作,对中国改革开放事业乃

<FBC-1重型超音速战斗轰炸机

至和平崛起，付出了巨大的努力，今后还将继续作出更多更大的贡献。FBC-1重型超音速战斗轰炸机"飞豹"，是西安飞机制造公司研制生产的。在中国珠海国际航展中首次亮相，博得了中外观众的惊叹与喝彩。目前世界上仅有少数国家能研制生产这种重型超音速战斗轰炸机。

五、未来支撑中国经济可持续发展的能源重化工产业大基地

近年来国际油价居高不下，凸显油、气、煤炭资源宝贵无比。中国又恰恰进入工业化中期，对能源及原材料的需求恐怕也是单边上扬。谁来满足未来中国经济高速增长和可持续发展的这种需求呢？开发利用我省陕北的煤油气资源，无论从哪个方面讲，都是我国、我省中长期经济可持续发展的"重头戏"；它是为中国未来几十年经济增长提供工业"食粮"和"血液"，也是为中国社会主义市场经济健康发展搭建坚实平台。陕西理应把这一块摆放在新时期全方位开放的大序列中，陕西煤油气开发和深加工利用，在未来若干年要陆续上一些大项目，投资总量绝非小打小闹，都是逾亿的大工程，投资前景十分壮观。从可持续发展的眼光看，这将是一大批利在当代功在千秋的大项目大事业，一旦全面启动，将创造无数财富。